Classroom
Management

课堂管理方法

大夏书系·西方教育前沿

简·布鲁斯坦 等 著

龚朝红 译

华东师范大学出版社

ECNUP

全国百佳图书出版单位

The Best of Corwin: Classroom Management / Jane Bluestein / 2012

English language edition published by Corwin Press, A SAGE Publications Company of Thousand Oaks, London, New Delhi, Singapore and Washington D.C., © 2012 by Corwin Press.

Simplified Chinese translation copyright © 2015 by East China Normal University Press Ltd.

All Rights Reserved.

上海市版权局著作权合同登记 图字: 09-2012-902 号

目　录

　　　　　许多人在从事教师这一职业时，都会满怀各种期
待。不幸的是，很多时候，我们的期望无法在学生身上
得到任何承诺。基于此，作者在本章提出，学生的程度
与我们对他们的要求之间有一定差距，我们与其设置期
望，不如直接教学。为此，我们要不断提高教学指令的
有效性，完善教学结构，同时关注教师自身的教学语
言，鼓励学生按照自己的方式做事。只有这样，才能创
造一个双赢课堂。

　　　　　开学第一天，给孩子们留下一个好印象是非常重
要的，因为在这一天中，教师所做的一切，都是为了营
造一种气氛，并与孩子们建立起良好的关系。人际间的
友善会让师生们在接下来的一年里过得有滋有味。在本
章，作者提供了一些小方法：从座位的安排到作业的布
置，从问卷的调查到规矩的制定，从而帮助我们在这至
关重要的开学第一天就奠定恰到好处的基调。

　　处理好师生关系，或者让学生认同教师，这是我们做好工作的最有力的方法。但是，如果我们忽略了学生的交往和情感需求，我们就可能会承担风险。本章从神经学的角度阐释了交往中的不良行为，同时也提供了一些基于大脑的干预策略，尤其是运用交际故事来修正不良行为，并提出在心理安全的学习环境中加强人际关系的精彩观点。

　　本章通过具体案例重点分析了寻求关注的学生、有权力欲望的学生、有报复心的学生、有攻击性行为的学生以及自暴自弃的学生的行为背后的原因，并有针对性地提出了一系列行之有效的预防和干预措施。作者提出，在课堂管理中，预防的作用远大于干预。发生在学生身上的负面行为，无论到底因何而起，只要我们充分考虑到学生的自尊，努力建立起与他们的联系，积极满足他们的需求，想方设法对他们进行积极的关注和认可，我们就一定能得到学生的积极回应，也能在很大程度上减少他们的不良行为。

　　本书第五章分析了影响学生投入度的诸多因素，并提供了一些避免学生在课堂上走神的策略。课堂上的不良行为，主要归结于对关注、对权力、对报复以及对自信的需求，针对这些行为，教师要保持冷静，要搞清楚行为的性质以及起因，并迅速、连贯地处理。行为的改变不是一蹴而就的，我们必须帮助学生认清自己的行为，找到积极的途径满足自己的需求。

　　本章重点介绍了有责任心的课堂管理方案（即 RCM 方案™）。这是一种面向全校的行为矫正方案，旨在通过培养有责任的学生，帮助他们纠正不可取的行为，使之能在一个民主的、多元文化的社会里充实地生活，从而最终推进好公民意识。本章还指出，为了有效实施 RCM 方案™，教师必须分析自己的行为，创造一种动态的、有创意的、自然的课堂。除此之外，本章还解释了纪律委员会的各种作用和功能。

　　本章分析了愤怒这种情绪与权力需求之间的关系，并强烈建议教师将这些需求置于一种双赢的状态，充分认识到给孩子提供信息以及选择权的价值所在。为了平息学生的愤怒，我们必须用倾听的手段来帮助和引导学生找出解决问题的方法；为了帮助学生控制愤怒，我们必须引导他们通过记录来表达和识别自己的情绪，并凝神静气；另外，我们还要给学生提供积极的权力资源，让他们获得一种能力感。除此之外，教师自己也要时刻身先示范，用积极的方式表达自己的愤怒情绪。

　　本章讨论了几种"非输即赢"的传统方法。所谓的"非输即赢"，简单地说，就是"本来就用这个办法"，这对于我们的实际工作危害很大。在本章，作者罗列了诸如控制、高压政策和惩罚、规则、消极的言语反应、态度障碍等多种"非输即赢"的做法，并分析了这些做法产生的根源以及对双赢课堂所产生的危害。

　　本章对学生在课堂内的"挑战性行为"进行了叙述。在处理学生挑战性行为时，我们首先要做的，是解决行为背后的需求，并为满足这些需求寻求更合适的教育方法。基于挑战性行为的两个目的——"得到某物"和"逃避某事"，作者认为，有效的干预首先应对挑战性行为进行深入了解，并根据不同的行为症状作出分析和判断，以确定相应的引导策略，从而避免更为严重的行为的发生。除此之外，作者还为读者提供了维持学生行为积极改变的几个方法。

译者前言

这 是一本非常实用的教育指导用书，编者是简·布鲁斯坦博士以及其他十来位教育专家。这些作者分别在教学、培训、干预等方面做过大量的专门研究，并从中积累了丰富而实用的故事及案例，这使得这本书广受读者欢迎，成为科文书社的"最佳读物"（The Best of Corwin）之一。

老实说，像课堂管理这类书，市面上应该早就汗牛充栋，可是，这本书依然能脱颖而出，深受读者的青睐，恐怕不只是因为它为一线教师提供了实用的操作建议，更在于为一种"双赢课堂"的建构而做着学理上及实践上的努力，故而显得"上接仙气，下接地气"——既有理论上的追求，又有实践上的参照。

许多时候，我们在进行课堂教学或者课堂管理时，常常为一些传统的固有思维所左右。譬如，我们总是想方设法地控制学生，我们喜欢给学生贴上标签，如果学生不听话，我们就以"规则"的名义，对他们实施高压政策或惩罚措施，对学生的不良行为，我们动辄抱以消极的言语反应……这些"非输即赢"的问题处理法，使得我们在课堂管理中到处碰壁，非但解决不了实际问题，反而使师生之间的关系越加紧张。

在本书作者看来，所谓的"双赢课堂"，不仅是指教学意义上的，更是指教育意义上的。在各章节中，我们很容易发现，在有效的"双赢课堂"里，无论是师生的行为，还是他们的情绪与感受，都指向一种积极的、正面的效果，为此，我们必须充分考虑诸如"期望"与"现实"间的关系，我们也必须在开学第一天就采取各种办法，营造师生和谐的气氛，而最关键的是，我们必须努力形成"有责任心的课堂管理"（RCM）。

有责任心的课堂管理方案（详见第六章）是一种面向全校的行为矫正方案，它的根本目的在于纠正学生不可取的行为的同时，培养他们的责任心，从而使他们能在一个民主的、多元文化的社会里充实地生活。为了实施 RCM，作者艾伦·奎恩和鲍勃·艾尔格辛建议应充分发挥包括家长在内的纪律委员会的功能和作用，从而系统而有效地完成对该计划的实施。

RCM 的理念使我们在课堂管理方面能够登高望远，而不至于成为疲于奔波的"救火兵"。不过，对一般的教师而言，他们更关心的，恐怕是课堂管理中的具体问题——对这些问题的解决方案，不光能给他们一种参照，更能给他们一种思路和启示。

譬如，学生在课堂内外的不良行为问题，一直使老师们倍感头痛。本书第三章就从神经学的角度，对学生的不良行为进行了阐释，并提供了一些基于大脑的干预策略。当然，不良行为之所以发生，不仅仅是生理上的原因，也包括社会交往上的缺陷。本书第四章和第五章就对"棘手"学生进行了分类：寻求关注的、有权力欲望的、有报复心的、有攻击性行为的、自暴自弃的，等等。作者从心理学和行为学的角度分析了这些学生在课堂中的不良表现，并根据不同症状提出了不同的应对策略。这对一线教师而言，实在是能解决他们燃眉之急的大好事。

但是本书的作者依然保持着清醒的头脑。他们深知，如果等到问题出现再去解决，问题将会无穷无尽。故此，他们深入行为问题之背后，研究其病理，并从中提出预防、应对和干预的措施及方法，以及维持学生行为之积极改变的各种办法。很多时候，预防的作用远甚于其他，正如本杰明·富兰克林指出的，即便我们的预防只有一盎司（an ounce of prevention），其价值也是不可估量的。因此，我们要想方设法对所有的孩子进行积极的关注和认可，并教给学生预测冲突、解决冲突的技能。

另一方面，无论师生，情绪问题也不可小觑。许多行为问题，都源于对情绪的无法掌控。本书第七章专门对愤怒这种情绪与权力需求之间的关系进行了论述。作者认为，想要平息学生的愤怒，首先得承认并且认可学生的感受，虽然这样做未必表示我们一定要赞同他们。紧接着，我们必须帮助和引导学生控制愤怒这种情绪。"如果愤怒情绪能用一种积极的、非伤害性的方式表达出来，它就可以成功地改变行为……能使课堂发生积极的改变。"（第七章）在这里，我们又一次看到了"双赢课堂"的积极影响。在第九章，当处理因为学生的情绪而带来的"挑战性行为"时，这种"双赢"的理念更是显出了无比的优势。

在解决行为和情绪问题时，本书的作者们都抱持着一个基本原则，那就是尊重学生的需求，并努力满足之。"教室里的不良行为主要归结于对关注、对权力、对报复以及对自信的需求，这些需求对应了学生的具体行为。如果学生的需求没有得到满足，他们的行为就会加剧，变得难以控制。"（第五章）从学生的需求出发，考虑他们遭遇的实际问题，理解他们的行为，并为之找出应对办法，这充分体现了本书作者的人本主义教育理念，也同时是他们在观念和做法上的高明之处。

从这个意义上讲，《课堂管理方法》能成为广受教师欢迎的书，绝非偶然。表面上看，它为教师提供了操作工具和操作方法，实际上却体现出一种对教育普适性价值的追求。除此之外，书中诸文，立论严谨，并用大量的案例、故事、量表、数据等进行佐证，沿袭了西方优秀的学理传统，这对于中国的教师读者来说，不啻是一种极好的参考。而书中所叙述的有关课堂管理的几个关键性问题，又切中要害——无论中外，它们都是教师永远的心结。

序

简·布鲁斯坦

世事的改变总是那么令人匪夷所思。几年前，我调查了一些商界领导，询问他们刚参加工作的毕业生应具备什么样的技能、态度和行为方式。结果，有趣的是，没有一位老板希望他的员工"正襟危坐、默不作声"，而唯命是从或安于现状同样不受欢迎。恰恰相反，被调查者再三强调，他们希望自己的员工有批判性思维、有创意，主动、诚实、可靠，具有强烈的职业道德和与人合作的能力。谁拥有创新思路，谁就会得到青睐——这是一位伙计在面试应聘者过程中试图发现诸如"想象力和态度"等品质时所得出的结论，这一结论也最深得我意。

现在，在这一点上，你可能会注意到，除了某些人际特质上的共识之外，学校和用人单位对何为"有用的品质"的理解存在着差异。（想想看，在学校，大多数教师是如何看待孩子们的"想象力和态度"的。即便你有创新思路，你照样会引火烧身，更别说还有诸如权威、规则以及课程进度等问题了。）班级管理，尤其是鼓励学生尊重他人、培养合作意识，对教师来说总是个难题。相比当前学生行为问题所呈现出来的范围、强度和危险性，很久以前的老师所碰到的问题简直微小得可以忽略不计。那个时候，学校、社会和用人单位对同一性、上下等级以及角色对应等问题看法一致。

在紧跟经济和文化发展步伐的过程中，学校的发展速度缓慢得令人难以置信。我们的许多传统，无论是摆放家具的方式，还是对标准化的顽固坚持，都只是对某个时代的回归。在那个时代，这些做法所造就的工作环境，非常适合很多学生。如今，变革的需求已经越来越急迫了。然而非常不幸，大多数改革仅仅是新瓶装旧酒，无论是观念还是方式，都只换汤不换药。

想知道各种班级管理方法到底如何有效（这些方法将在余下各章节中陆

续推出，当然，你也可能在别处发现这些方法），你可以问问自己以下几个问题：

这一方法足够全面吗？

建立关系，打造团队，这是有效班级管理的重要组成部分，而其中的细节和方法也相当重要。（倘若你曾因为没有制定好规矩，或者你的学生没有正确地按规矩做事，导致你一堂精彩绝伦的课泡汤，相信你一定会明白我到底在说什么。）如果仔细思考与此相关的一些问题，你会发现牵涉的面很广。一种班级管理方法，如果是完整的，一定能解决不少行为问题。这些问题，可能是由教师模糊的指令或者考虑不周的转换引起的，也可能是因为孩子们要争夺权力、作业完成不佳、缺少交往技能或情商不够、产生了新的心理需求，再或者是因为教师的教学方法不起作用，致使孩子的神经系统难以处理信息。

在我见过的大多数项目中，教师关注的往往是问题中细小而孤立的那部分，就好比是为了减肥而不在午后吃面包圈（当然，方法本身并没有错，但要达到目的，单靠这一点还远远不够）。换言之，行为管理问题不只涉及行为的问题，社交与情感问题、学习风格、环境特点、教师个性、例程与转换、神经与心理需求，以及学业上的安排和进度，这些因素都会影响到孩子在课堂上的行为表现。有效的课堂管理方法能应对任何状况，包括学生因为补偿未满足的需求而对老师、同学、课堂气氛，以及自身成长产生负面影响。

这一方法是以建立关系为导向吗？

在遇到学生行为不当时，教师容易采取简单而刻板的方法去处理，对此，我十分理解。相比建立师生关系或者重构权力格局，放学后把学生留下或者在黑板上点名批评，确确实实要简单得多。虽然不少双赢策略并不复杂，而且能立竿见影，但就最好的方法而言，如果要建立师生（或生生）间的积极关系，必须慢工出细活。这对于那些有过考试不及格、被边缘化或者与老师关系紧张的学生来说，尤为如此。

建立积极的关系，可以促进学生就学，提高他们的学业成绩，也能在很大程度上减少他们的危险因素，如恃强欺弱、吸食毒品、校园暴力以及损坏公物等。师生间的良好关系，是迄今为止在课堂管理上最有价值的要素——远比那些规则、惩罚措施或者家长干预要有价值。顺便提一下，如果你还在担心怎么才能挤出时间去和孩子"搞好关系"，那么请记住，关系的建立不是一个单独的课程或者活动，而是你每次和孩子交往时都必须经历的过程。不妨去找下那些重过程而非结果的项目和建议，任何时候（包括在责任心驱使下）都要心甘情愿地在课堂内营造一种团队意识。

这一方法是否尊重了每个人的需求？

绝大部分成年人认为，所有孩子都需要诸如爱、认同、归属、安全、成功或者限制等东西。但他们往往忘记了一种需求，那就是对权力的需求。事实上，这一需求也同等重要。对权力的需求，是指你对影响你生活的一些事物具有发表意见的愿望。在这方面，有一种非黑即白的想法："等下！孩子要是有了权力，那老师该怎么办？"我们前面已经提到，一旦学生的需求没有得到积极的满足，他们的行为问题就会因此产生。对我们大多数人来说，学会解决权力问题，从而让学生得到权力，同时又不损害他人，这正是我们大显身手之处。

这里，关键是要建立一种权威关系，从而使学生能获取适度的自由和自主，同时，在安全的范围内，让师生在课堂内相互尊重。即便是比较传统的班级管理法，也承认孩子有对权力的需求。同孩子争夺权力不仅浪费时间，也可能会让你输得体无完肤。我这样说，是因为这几年中我所遇到的不少项目、政策和纪律准则，都只是关心教师的权威，而不是学生的自主。因此，我们不妨寻找一些旨在提高权威性的方法，并考虑团队所有成员怎样才能得到他们想要的东西。

这一方法是否积极阳光？

我们在教孩子的时候，有许多细节，包括我们的语调以及我们对孩子作业的点评，都能反映出我们对他们的正面取向。而所谓的"正面"，它的重中之重是能够激发学生的合作行为。因此，强调学生行为的正面结果，而不是常见的负面评价，不但会改变教室里的权力格局，也能提高孩子与你合作的可能性。所有的特权，不管是获得高分还是与人合作，都是需要付出努力的。用积极阳光的态度去处理偶发事件，也可以表现出教师对孩子的责任心。

几乎所有的课堂管理法（甚至包括那些采用"后果"这一术语的方法）都对消极行为采取了消极回应的态度，其结果是某些不当或轻率的行为造成了越来越多的负面后果。因此，我们的取向应该更加积极正面。如果你觉得这是在哄骗孩子，那么请记住，用低分恐吓、给家长打电话、暂停惩罚或者放学后留下等措施，也一样是对学生的哄骗，与换一本书教学、运用某些教学设备、在中心学习、玩周末游戏等没什么区别。世上没有毫无动机的行为，利用学生对"恶果"（negative outcomes）的恐惧而逼迫他们在情感和学业上努力，这样的做法肯定会收效甚微。

这一方法是否注重预防？

一般人很容易想到，在开学初就将规则和负面结果张贴出来，以此强调纪律，在班级管理上"先发制人"。但我要说的是，想要改变课堂情感环境，我们就必须采取一些措施，让学生的消极行为变得没有必要也不可能发生。如果教师所做的一切更多的是出于预防，而不是救火，这样的做法才是真正的"先发制人"。

这一方法是否符合你的个性？

保持真实是联系你与孩子的最有力的工具之一（事实上，对其他人也是如此）。如果你想要扮演其他人的角色，即便是年幼的儿童也能看出其中的怪异和尴尬。有些方法也许比较符合你的价值观和个性，而有些却不是。因此，你的想法不仅要有意义，更要符合你自己的特性，或者你想要的特性。

这一方法是否具有可操作性?

我曾经操作过一个代币系统。说句老实话，我彻底绝望了，这项工程相当复杂、相当臃肿、相当费时，以至于最后我干脆把它全部扔进垃圾箱里！现在没有人愿意投身教育，主要是因为我们的生活缺少足够的压力或者还没有糟糕透顶。假如有一种方法，它要求你大量地准备材料、保存记录或者进行监测、记忆，相信你一定会被逼疯掉。所以，凡事要设法简单——当然，如果你一定要坚持，那么结局也只能如此了。

这一方法是否有效?

任何一种方法，你要最终选择它，你的底线一定是它必须有效。如果你看到孩子们比以前做事更加专注，更加独立，能作出正确的选择，待人有礼貌，能完成作业，不断取得进步，能积极地按照你的要求做事，这就表明你的方法在起作用了。（需要指出的是，那些通过对抗性、伤害性或者近乎苛刻的方法来实现的"效果"，通常是表面而短暂的，靠这种手段来建立关系，从来都是入不敷出。）

如果可能的话，每天花点时间思考下：这一方法到底在哪方面产生了效果？你还想在哪方面进行改进？你可以采用问题解答的形式，如：我的行为是否有助于我同孩子们建立积极的关系？是否可以将这一方法进行迁移，与其他人建立关系？这一方法能否对课堂内的情绪、气氛起到保护作用？通过这一方法，学生的选择是否会促使他们在行为上取得成效？这一方法能否在尊重学生需求的前提下帮助我建立权威？

如果你对自己所使用的方法不太满意——或者你因为看到别人的方法而心怀羡慕，恨不得照搬过来使用——那么，不妨尝试用新的方法吧。找到一些方法，看看是否适合你的理念和个性，然后慢慢地作一些修改。要相信过程，因为效果的显现会很缓慢，尤其是最开始的时候。耐心对待你的进步，如果某个想法最初不起作用，一定要心平气和。

虽然我可以证明，你所做的一切肯定对学生有好处，但是为了你的成功，为了你的明智，你在对方法作出调整时，还是要保持一点点的私心。要记住你为何会踏入这一行业。想想看，当你不为管理问题而头痛，真正地将你的时间花在你想要花的地方——教学上时，你和孩子们在一起将会是多么的快活！

第一章
管理双赢课堂 ①

简·布鲁斯坦

初为人师的最初几周，我总是将自认为最好的课堂呈现给我的学生。我制订了详尽的计划，精心布置环境，四周放满了各种各样的材料，包括五颜六色的卡片，当然，我还设计了许多激动人心的活动，让孩子们一直忙碌到复活节。这些孩子都在五年级，也就是十几岁的样子，在我这样的关注、培养和推动下，他们的学习一定会很顺利，是吧？

错了。

对新教师来说，他们经常会碰到这样的场面：壁画中心（mural center）的孩子们对主题的确立从来都不会达成一致，传媒中心（media corner）的孩子们则为谁来播放投影仪而争吵不休。上课才刚开始，美术活动所需的记号笔就已全部神秘消失，还有，居然没有人用过尺子或者翻过百科全书，尽管我给他们从里到外解释了一遍，总还会有那么一撮人拉着我的袖子问我到底该怎么做。我晕在那里，眼睁睁地看着几个星期的计划和努力全部付诸东流。在一片混乱之中，我唯一能想到的就是：不管怎样，我已经把这一切都做过了！

那天我受到了两次打击。一是我一直以为自己有很强的创造力，但事实并非如此，我的创造力不仅无人赏识，反而叫人不知所措；二是我原以为那些看起来成熟、精明的学生已经具备了某些负责任的学习行为，不料，他们在小组

---

① 选自简·布鲁斯坦所著的《双赢课堂：课堂管理的全新而积极的视角》（*The Win-Win Classroom: A Fresh and Positive Look at Classroom Management*），科文书社，2008 年。

活动中根本无法独立学习，也不能管好材料，更不能对自己的学习作出任何决定。看来，好像我的期望实际上造成了问题的产生。那么，现在该怎么办呢？

> 看来，好像我的期望实际上造成了问题的产生。

期望出了什么问题？

许多人在从事教师这一职业时，都会满怀着各种期待——不管是有意识的还是无意识的。我们根据自己对学生的能力和责任的理解，也根据从别的老师那里听来的信息，以及对自己能力的价值判断，在脑海里勾勒出一幅课堂教学图景，这样的图景或许能反映（也可能反映不了）我们遇到的现实。

有趣的是，我们什么时候听说过孩子会按照我们的期望来进行表现？或者说，是否教师的期望值越高，学生的表现就越好？我在带第一个班的时候，就有人告诉我这层关系，于是，在进行自我介绍时，我就顺便向同学们提出了一长串期望："我希望你们能看好自己的材料""我希望你们有礼貌""我希望你们在作业上写好名字""我希望你们爱学习"，等等。我宣布完之后，学生们目光呆滞，两眼盯着天花板，沉默了几秒钟之后终于恼火地齐声问："那又怎样？"你可以想象我那时的惊慌失措。这是我第一次发现（以后就更频繁了）"高期望"只是一种一厢情愿的想法。很显然，唯一能对这种期望负责的人，就是我本人！

> 很显然，唯一能对这种期望负责的人，就是我本人！

也许那些有着高期望值的教师，最后真的取得了更好的效果，但这种经验总让我怀疑：这些个别老师所做的，应远远不是期望这么简单。对于期望本身是否真能促成优异的表现，我是深表怀疑的。我想，学生的表现更像是某种意图的反映，这种表现受到了教师的信念和行为的激励，而不是被他的期望牵引。没错，如果我们根本不信任孩子，我们是无法从他们身上得到什么成效的；但是相信他们能学习，能取得进步，能与人合作，并根据他们的能力和潜力进行教学，与简单地期望他们有好的表现，仍完全是两码事。

设置期望值会带来一个问题，那就是我们无法从我们所期望的那个人（或那些人）身上得到任何承诺。因为这只是期望而已，我们不能保证学生的认同，也不能保证他因此开始学习或与他人合作，当然，其效果也会大打折扣，无法与双赢权力平衡、人际交流，以及能带来乐趣、成功、归属、发现或权力的关系建构与机会创造相提并论。除此之外，我们所表达的期望，在孩子这里未必能得到真诚的回报——孩子对那些不信任他们的成年人感到异常敏感。

另外，相比提出具体所需要的东西，设置一个期望值会简单很多。在我们的文化中，前者往往不被提倡，虽说少了这一技能，我们只能诉诸更为有害的行为，如施权、操纵、消极对抗，以及经常因为需求得不到满足而感到失落。也许，我们可以将期望看作是一种手段，用以识别我们的意图，以及明确自己到底想从别人身上得到什么。从这个意义上讲，期望只是一个起点，从这点往前看，我们可以预见我们想要完成的任务，也可以预见我们为了实现目标而必须做的工作。不过，我敢打赌，一旦有了明确的目标，一旦有了正面的激励，一旦受到了鼓舞和直接请求，一旦我们相信学生能够学习和成长，我们所得到的，一定比仅仅有了最理性的、陈述最清楚的期望要多得多。

与其设置期望，不如直接教学

当我还在为期望这一问题纠缠不清的时候，我的学生开始去听格雷（Grey）先生的美术课，一周两次。每次他们上完课回来，我都会问一下他们做了什么。结果，他们详尽地告诉我在课堂上所做的无聊透顶的事，比如从盒子里拿出剪刀，盖上盒盖，再把盒子放回到柜子里，然后拿着剪刀坐下，最后再把剪刀放回去，等等。一遍又一遍，基本都是这样的事。在刚开学的几天，孩子们所做的仅仅是对那些上课要用到的材料进行摆放传递。好在这是阶段性的。

我问格雷先生他在忙什么。"这一年你没有课程计划吗？"

"当然有了，很多呢！"格雷先生回答道，"但如果不先做这些，课程计划就会全部泡汤。"

"你的意思是说，这些孩子连怎么从储藏柜中拿颜料桶都不知道？"

"有些会，但大部分不会，或者至少他们不会想到去拿。靠着这一招，东西放哪儿，该怎么去用，到后来都不成问题了。"

还是同一句话："难道你不期望他们懂得这些吗？"

"这无所谓啦。每天我都可以满怀期望，可到头来却什么都得不到。期望孩子们清洗毛笔并放回到盒子里，这并不能教会他们怎么去做，最后我还得手把手地教他们。"

的确是这样。很少有老师像格雷先生那样对学生提出这么高的要求。但是，他的课能够叫人兴奋，并富有成效，既非因为他的要求高，也非因为他对学生有期望。尽管一开始上课时，他头脑里浮现出的是一群忙碌、能干、独立、有责任心的学生的画面，他也完全深信学生有能力应对他带给他们的挑战，但他没有放任自流，或者凭想象认为孩子们应该知道什么而自说自话地上课。如果格雷先生期望学生能够成功，他一定会给予他们为实现这一目标而必备的训练。[1]

你要我做什么？

有时候，小小的误解会变成大大的麻烦。当效果还不明确时，不管是因为指令不清楚，缺乏必备的技能，还是因为自我管理能力欠缺，其结果一定是杂乱无章的纪律问题接踵而至。开学第一天，一位新教师在她任教的幼稚班里宣布，该排队了。这时候，有些孩子停下来开始排队，还有一些孩子则围着教室跑来跑去。在混乱中，我一直在想，"排队"是否是一个新的游戏，这时候一位5岁的孩子上前问老师："什么是排队啊？"

要知道学生需要得到明确的指令，才能成功完成我们为他们设定的任务，那么，什么样的指令比"排队"更清楚呢？正如那位老师很快意识到的那样，指令是否清楚，取决于学生能否听懂。"排队"这一指令的前提，是学生知道什么是排队，比如说，从哪儿开始，在哪儿结束，朝哪个方向，是排一列还是两列，还有其他诸如能否讲话、能否触碰以及是否需要携带物品等问题。看来这位老师当初该用其他话语给出指令。

可以想象，任务越是复杂，就越可能带来困惑。

> 指令是否清楚，取决于学生能否听懂。

指令不清楚是一个普遍的问题。对学生而言，因为不知道该做什么，他们会变得困惑、无助、沮丧甚至缺乏自信。有一次，我看到一个老师糊里糊涂地宣布，学生要"拿起地板"（pick up the floor，意为"整理地板"）后才能回家，结果，整个一年级班的所有学生都急哭了。另外有一位老师告诉我，有一次下雨，她要求学生先"削掉双脚"（scrape off their feet，意为"把脚擦干净"）再进教室，结果几乎没人敢进去。缺乏沟通性的指令，也会造成学生对教师的依赖，同样很浪费时间，并常常引起教师被动、负面的反应。要避免这些问题，教师就必须在脑海中理清要做的事情，一步步分解指令，并使用学生不容易误解的语言。这在第一次让学生做事的时候尤为如此。这样做还有助于学生一步步完成指令，特别在涉及常规任务时（如设备和材料的使用以及某些基本动作的执行等），从而提高他们成功的概率。需要记住的是，如果任务真的很重要，我们就有必要花时间去思考我们的目标，在发出指令时减少歧义，避免模棱两可，这样，不管孩子们需要多少练习，他们的理解总会越来越正确。

提高成效

我的一位八年级的学生把我的指令"在媒体中心请注意行为举止"理解成不能在那儿抽烟，这让我明白，有时候，我们原本想要表达某个意思的指令或要求，在学生的脑海中，会形成迥然不同的画面。因此，为了表达清楚，我们必须十分小心地使用形容词。当我们说到"工整的书写""令人兴奋的角色""透彻的研究"和"清晰的陈述"

> 为了表达清楚，我们必须十分小心地使用形容词。

时，我们明白自己想要表达的意思，可学生们能听懂吗？学生在课堂内完成作业之前，我们有没有告诉他们，我们会对他们的某些技能进行评价？如果我们能告诉他们我们希望得到什么，或者想要评价什么，他们就能集中精力，提高成效。

除了课本、黑板和作业本上的书面任务之外，学生们还要完成教师和大人们口头布置的大量任务，难怪他们常常会对我们置若罔闻。但就算他们能集中精力，能认真听讲，我们给出的指令，也无法让他们的大脑接受。在整个班级或小组中，学生的学习风格各不相同，因此我们哪怕是发出最简单的指令时，也要采取多种方式，以确保更多的人取得成效。这在引进较为复杂的学习任务或新的学习内容时尤为重要。

比如说，要求一组做"第 86 页前 10 道题目和第 93 页任意 5 道题目"，对正在认真听讲的学生来说并没有什么问题，但对其他学生而言，要想取得好的效果，就必须增加一些提示。我们可以把要求写在黑板上、文件夹里或者任务卡上，使之成为这些学生的学习提示或学习帮手。用书面的形式布置任务，可以使我们有时间去处理其他的任务。一旦我们给出的任务既有书面形式又有口头形式，学生就不必烦扰教师问"哪一页""哪个问题"，而自己想办法解决了。如果有可能的话，我们还可以用一些符号（如色块或标识）、提示词或者带有文字的图解鼓励学生独立完成任务，哪怕他们是低年级的学生或是阅读能力较差的学生。如果顺序很关键，那就有必要按照特定的次序把步骤列出来，尤其是对那些步骤多的项目；另外，把指令写下来并进行编号，同样大有益处。

我们同样可以决定何时发出指令，以帮助学生走向成功。我看过太多失败的课堂——老师不得已一遍遍地重复指令，从而浪费了大量的时间。因为他们发出指令时，学生并没有集中注意力。[2] 有些时候，我们不妨等学生几秒钟，让他们把东西放好，在座位或学习区域坐好，这样既可以节省时间，也能避免之后出现的困惑。如果学生还没有回过神来我们就给他们下指令，那么，他们中的大多数人一定会感到莫名其妙。

立刻说出来！

以下小贴士确保你永不重复你的指令：

- 确保学生在注意你。在你发言之前，稍等一下，等到他们不再讲话、写字或整理东西为止。可以用有声信号（如摇铃、风铃或者诸如"看着我""不要动"等话语）来转移他们的注意力。
- 用口头的形式给出指令，并尽可能简单、清楚。
- 务必保证同时有书面的指令，可以写在黑板上或者学生的讲义上（比如说任务卡）。
- 允许学生彼此询问，以明确问题。（如果有很多学生要询问，你可能得重述一遍，并再次向全班或全组同学解释你的要求。）
- 在执行指令之前，以及在孩子们作出选择之前，让他们的父母了解你的做法，以防止"老师不告诉我做什么"的说法传到孩子家里。

如果你需要中断他们的活动，你可以使用摇铃、风铃、手电筒或者拍手示意，从视觉和听觉上转移他们的注意力，这一招对于提高学生的专注力十分有效。因为对听课不专心的学生发出指令，会让他们觉得很没面子（难道老师的话就一定值得听吗？），并对你的指令不理不睬。同样，如果不是特别紧急的事，尽可能等孩子们下课准备吃午饭时再向他们传递新的或者重要的指令，因为这个时候孩子们会更加牢固地记住你的要求。

除了清楚之外，好的指令还必须结构清晰。"带要求的选择"，这一双赢课堂的精妙所在，十分适用于我们发出的指令。不过，如果要求过于宽泛，学

> 好的指令还必须结构清晰。

生就会无所适从。虽然部分孩子能把最笼统的要求转变为富有创造力、有意义的学习体验，但其他人，即便不考虑年龄因素，也需要一个具体的起始点。这些学生需要某些稳妥的提示，比如，在写作中，从故事的首句开始写下去，或者把简单的想法画出来。对他们而言，比起一开始就乱写乱画，设定条框能让他们在面

对一张白纸时心情更加放松。当然，我们还可以限制写作的长度（白纸的一面）、媒介（电脑上的一张图片）、语言表达（使用现在时态，用同一种颜色的墨水写作）、内容（用上 20 个拼写词汇，以及参加 20 世纪 70 年代妇女运动的人），或者其他一些标准。

> 虽然部分孩子能把最笼统的要求转变为富有创造力、有意义的学习体验，但其他人，即便不考虑年龄因素，也需要一个具体的起始点。

我们布置作业的最终目的，是为了明确我们能提供什么样的选项，同时明确我们需要提供多少必需的要求。现在许多老师都根据布置任务时的各项要求及标准，制定并使用完成情况及能力情况的量表。该量表清晰地描绘出学生为了达到每个层次的要求所必须做的事情。[3]

教师乔·安·弗赖贝格（Jo Ann Freiberg）坚持认为："学习不应该是什么秘密！帮助学生获得成功就意味着要为他们提供有用的、结构化的指导。"她注意到，学生在考前准备时，如果有人指导，而不是被告知"把所有学过的内容全部复习一遍"，他们的复习就会更加努力。且不论平日的教学是怎么实施的，明确需要完成的任务的每个细节，或者具体指出某项作业的标准要求，不光能节省大量时间，还能避免重复解释，并帮助学生消除困惑和误解。[4]

给他们一个好的理由

正如我们所发现的那样，用积极的方式给学生设定规矩是非常有用的。在发出指令时，如果我们选择了恰当的语言，我们就能鼓励学生间的合作，树立他们的责任心，减少他们对老师的依赖，并能抑制他们的叛逆行为。语言和态度是紧密联系的，改变了其中一个，必将使另一个随之改变。当我们专注于积极而双赢的课堂时，我们会越来越注意自己的词语和语调中的那些负面倾向；同样，当我们将威胁、警告转变为许诺和明确说明时，我们也会在态度上有所体现。

同样地，当我们要求学生做出某种行为时，我们给出的理由可能是有用的，也可能是无用的。不管对学生提出什么样的要求和规矩，只有让他们听明白，才能真正地发挥作用。在以权力为基础的权威关系中，对学生提出要求的理由，无论是否明确，都与专制的权力有关，一旦不服从，必定会带来相应的惩罚性后果。虽说让学生"为我做"听起来不是特别专制，但是有条件的认可实质上就等同于"要么做，否则……"。

在双赢课堂上，如果学生能作出积极的选择，教师就会表扬他们，即便其结果不包含停课威胁或其他惩罚性措施。"请把颜料瓶的盖子放回去，这样颜料才不会干"，这样说，比起"把颜料瓶的盖子放回去，否则你们再也见不到它们了"，包含着对学生更多的尊重。显然，把盖子放回到瓶子上去这一要求合情合理，与教师的权力没有任何关系，也绝没有被迫向课堂情绪氛围妥协的意思。

在让学生做事时，相比"因为这是我说的"，我们往往可以给出一个更好的理由。我们制定规矩的真正的、合理的、本质的目的，是能够帮助孩子建立承诺与合作的关系，使那些本来心存戒备或桀骜不驯的学生能以一种简单命令所无法实现的方式参与到课堂中来，这样，记号笔就永远不会干掉，我们去大厅时也不会干涉到任何人，走路时不会有人被绊倒，我们也会有时间听完整的故事……标准的制定，是基于学生和整个班级的利益。这种要求与教师的需求无关——虽则作为群体的一部分，他们的需求最终也会得到满足。事实上，无论是学生个体还是整个小组，这种方法主要关心的是他们的内在需求能否促进合作。也许这样做会多花一些时间，但是通过这些多出来的信息，我们告诉学生一个实实在在的做事的理由，从而让他们不仅尊重自己所要完成的任务的价值，也同时尊重我们对他们所提出的要求。

想要这些技巧发挥最大的作用，我们就应该解释我们的要求，尤其是解释那些我们相信学生从一开始就应该明白的事情。在很长一段时间内，坦白地说，我很讨厌花时间给五年级学生演示如何正确使用卷笔刀，给八年级那帮小鬼示范如何把书放回到书架上，或者在一天七节课中，每上完一节就提醒他们将椅子推到桌子底下。当然，这个时候我会很容易生气，会责怪他们的父母或者前任老师为什么不教会他们这些技能，或者他们的教学努力为什么不能体现在我的课堂内。

当然，这个时候我会很容易生气，会责怪他们的父母或者前任老师为什么不教会他们这些技能，或者他们的教学努力为什么不能体现在我的课堂内。

然而，当我最终向这些必要措施让步时，奇迹出现了——其中最显著的是我的学校生活变得轻松起来，我的工作和我与学生间的关系也得到了改善。短短几分钟内，我全心投入到那些看似喋喋不休的教学中，并最终心甘情愿地去重复，这恶心的几分钟，竟大大提高了我达到目的的可能性。更妙的是，几周后，下课的铃声总能引发孩子们的欢呼，也不无讽刺地提醒了每一个学生"把椅子推进去"。

说句老实话，我自己都不是很清楚为什么要让学生把椅子推进去。如果真要我去解释其中的道理，我想大概是出于安全的考虑吧——这是一种众所周知的托辞，因为事实上这些椅子并没有造成多大威胁。教室里放满了推进去的椅子，这多少会显得不那么乱，我想这也正是我所要追求的效果。或许这只是我取得的一个"成果"，但是，孩子们愿意迁就我的固执，愿意接受我的选择和怪癖，这一事实比起他们对桌椅所做的任何动作，对我来说更具有意义。

积极地利用期望

走进一个活力四射的教室，却发现孩子们不会使用卷笔刀，胶水用了之后不会盖上盖子，不会按字母顺序整理资料书籍，也从来不会端端正正地在教室里走动，仿佛让他们"会"的魔法一直没有被启动，这实在令人失望。即便我们备好了课，即便我们积极而充满热情地投入教学，一旦缺乏信息、指示和引导，学生（包括我们自己）仍然注定不会取得成效。

我们在设计每一堂课时，总在里面隐含着各种假设和期望。我们不要认为什么事都是理所当然的。即便我们坚信他们知道如何去做某些事情，比如操作科学设备，使用字典，与同伴合作，在教室里走动，把报纸钉在一起，或者把作业放到特定的位置，可能还是至少有一些人不会。有些规则或方法可能太基础、太显而易见，所以容易被忽视，尤其对那些新入职的教师或者在一个不熟悉的年级里任教的教师来说。当然，我们无法预见每一个随时会冒出来的要求，但是，我们对活动要求的技能和行为解释得越好，我们就越能预见成效，同时，我们也越不会被学生的困惑、沮丧和笨拙击倒。

通常，学生的程度与我们对他们的要求之间有一定差距，我们需要花时间去弥补这个差距。有一次，我让一群动辄发火（high-risk）的八年级学生花几分钟时间练习把记号笔的盖子盖好，这些孩子喜欢用记号笔，但总是忘记盖盖子。我可没这么多钱老是去买新的记号笔，所以我上了一堂有趣的课，让大家学会给记号笔盖上盖子。我确信大家听到"咔嗒"一声，这说明盖子套上了（这一招，大多数学生都不知道）。那节课之后，记号笔似乎一直可以用了，学生们也更加以爱护为己任了。

要想培养学生的独立精神和自我管理能力，光靠期望是远远不够的，我们还需要鼓励他们的积极性，允许他们按照自己的方式做事。这可能意味着他们可以自取物品，在教室里来回走动，与同学聊天，或者在某个特定时刻不先征得同意就能使用某个设备（允许孩子们这样做，不但符合他们好动的特性，也满足了他们的自主需要，同时也减少了很多让我们伤脑筋的、需要他们集中注意力的行为。）指令、引导和练习，能使学生的责任心和自我管理能力成为现实，加之有意义的、正向的合作结果和成功机会，这样的准备一定能促成积极的行为。

> 指导、引导和练习，能使学生的责任心和自我管理能力成为现实。

成功要诀

- 对于你想做的事情，头脑里一定要有清晰的构想。任何对你而言显得至关重要的细节或情形都必须考虑周到：学生上交的作业是否需要某个标题？当你在给整个小组讲解时，忽然有人开始削铅笔了，这会打搅到你吗？你希望材料用完之后放在哪里？

- 明确学生所需要的行为和技能，使之能在课堂内完成某项任务，或者能独立地、负责任地发挥自己的作用。最好在学生弄得天翻地覆之前，告诉他们你到底需要什么，比如说，你可以让他们明白，把讲义按顺序排列，或者把材料收好，一定会对他们有好处。
- 对学生业已培养的能力和自我管理水平进行评价。观察它们是否有效。课堂上你要学生做常规事情时，情况会怎么样？他们能够自己解决问题吗？你不在的时候允许他们向同学求助吗？各种选择或说明会让他们晕头转向吗？一天结束时教室会变成什么样子？
- 假设唯一的事实是你的学生不清楚你要做什么，这样，即便他们知道在教室的读书角应怎样爱护书籍，他们可能仍然不明白你要他们做什么。
- 对孩子们的常规行为进行训练。分组讲解阅读之前，让他们练习从座位走到阅读桌旁；在做某个活动的各个部分之前，让他们练习根据老师的指令获取工具并将它们放回去。
- 在学生前往中心、参加小组活动或者独立操作之前，只让一个小组做游戏或操作设备。作为老师，你只需要训练一小部分学生，这些学生在知道自己之后要去训练其他同学时，会学得又快又好。
- 教会学生如何获得、使用材料，以及如何在结束之后归还材料，除非你打算整年都监管、分发和收回这些材料。
- 如果可能的话，将口头指令同时用书面的形式表达一遍。
- 为动觉学习者（kinesthetic learners）提供帮助，一步步教会他们完成常规活动。
- 按照合理次序提出要求。如果可以，将复杂的要求用书面的形式写下来，并标明步骤，以使你的要求清晰易懂。
- 给低年级的、听力差的或缺少听力训练的学生做出口头指令时，要慢慢讲，一次讲一个步骤。如果可能，等到学生准备好听下一个步骤时，再给出其他信息。

- 在决定一次给出多少信息时，必须考虑到学生的年龄和心智（maturity）、对指令的熟悉程度以及你提出的要求的复杂性。

- 让孩子们知道你在提供信息，即便这些信息很基础，很简单。这样做是因为你希望他们越来越成功，而不是因为你觉得他们太笨拙了。

- 让孩子管理材料。我曾经决定让一位学生保管个性化书写项目的卡片，这孩子以前老是丢三落四。可这次，她很认真地做着这项工作，从此之后不但再也没丢过卡片，而且有一次，为了找到一张"大写 R"的卡片，她竟然不让整个班级的同学出去吃午饭！

- 让学生独立学习。布置一些课堂作业，然后坐下来忙自己的事情，不要去管他们。务必让孩子们有足够多的事情做，当然，最好是他们能轻松应对的事情，如复习功课，操练句型或者做字谜游戏。要记住，此时强调的是他们的独立——而不是学习能力的培养。

- 鼓励学生相互帮助，或者即便老师不在场，也能够继续承担有难度的任务。当你没有把大量的时间花在学生本可以自己处理的行为上时，你会惊讶地发现，你已经取得了多大的进步！

活 动

利用下面的活动列表，来对你所指定的活动进行策划和评价。

活动列表

作品及 / 或行为

目标：

成功完成的指标：

清晰性

本活动要求的全新技能或行为（认知、交往及运动神经）：

本活动涉及的对学生而言完全陌生的材料及工具：

其他注意事项（如教室内外的走动，对其他设施或资源的需求等）：

要求的呈现

口头：

书面：

插图：

其他（录音、符号、其他语言）：

现有作品样例：

结　构

范围、起点或关注点：

可供选择的项目：

其他成功特性

吸引学生注意力：

时间因素（也就是说，不是在他们对其他事情很起劲或者时间太久了而记不住的时候）：

小步骤：

合理的次序：

评价小结

在哪些方面这些指令会奏效？

在哪些方面学生对这些指令感到困难？

在哪些方面这些指令可能会更有成效？

个人笔记：下一次，一定记得要……

活　动

如果理由正当且能产生益处，指令就会更具有意义，也更能促进学生的合作，并使他们走向成功。根据要求完成表1.1：

1. 在第1栏（三栏中的左栏）中，具体列出你对学生在行为方面的要求。

2. 在第 2 栏中，明确你要学生做事的主要理由。你可以从事实结果的角度去考虑措辞（"……如果这样，胶水就不会干""这样，电线就不会缠在一起"，等等），也可以从学生的好处去考虑，而不是说这样做你自己会有多么高兴，你自己的生活会多么轻松，或者帮助你不对孩子们作出那些令人恼怒的、惩罚性的反应。

3. 在第 3 栏中，根据上述两项，作出一个要求或一套说明，如："我们在大厅里保持安静吧，这样就不会打扰其他班级了。""请把地毯上的积木捡起来，这样就不会绊倒别人。""把 CD 放回到盒子里，这样它们就不会被刮坏。""周二准备好笔记，这样你们就可以去郊游了。"

表 1.1　作出清楚合理的说明

要求做到的行为	提出要求的理由	给学生的说明

注释

1　许多时候我们不愿意教也不愿意展现某种技能，是因为这种技能并非本年级课程所要求的。倘若我一直不教给学生他们"本该已经学到的知识"，我的班级（包括我自己）会注定充满误解和行为上的失范。

2　见"立刻说出来！"中的小贴士。

3　改编自奥扎克学院（Ozarka Collage）网站的量表定义，网址为 http://www.ozarka.edu/assessment/glossary.cfm.

4　见乔·安·弗赖贝格 2006 年 2 月 7 日写给作者的邮件。

第二章
他们在这儿 ①

勒妮·罗森布拉姆·劳登

费利西亚·劳登·金梅尔

抢座风潮

我有个超赞的双赢办法，可以化解开学第一天抢占座位的尴尬。我让学生们自己挑位置坐好；可一等他们坐下，我就告诉他们，座位的安排并非是一成不变的。这个时候学生中可能会传出一两声抱怨，不过通常情况下，他们都会接受临时座位的说法。这样坐了几天，如果效果还不错，你就告诉他们你相信他们的判断，可以允许他们继续坐在自己挑选的座位上。此时，你会忽然被看成是当今世上最伟大的老师，因为他们认为你给予了他们什么。如果这样安排座位，仍然会有学生受到其他调皮捣蛋的学生的骚扰（或者受到边上同学的恫吓），那么你就只好说到做到，重新换位置。你很公正，因为之前你已经解释过座位的安排了，这样，他们的抱怨就有可能会降到最低。

安排座位的点子

你可以尝试用各种方法排座位。有的方法很简单，比如说按照学生的生日

---

① 选自勒妮·罗森布拉姆·劳登和费利西亚·劳登·金梅尔所著的《你必须去学校上班……因为你是老师！300 多个方法，让你的课堂管理简单而有趣》（*You Have to Go to School…You're the Teacher! 300+ Classroom Management Strategies to Make Your Job Easier and More Fun*）（第三版），科文书社，2008 年。

或者他们身上穿着的衣服的颜色来排，也可以按照字母顺序反向来排，甚至还可以从帽子里抽出名字，以表示排座位是随机的。不过，千万不要按照身高或者性别来排座位。

有些老师在排座时喜欢把学生分组，还有些老师则喜欢传统的秧田式排座。我个人喜欢马蹄形的或倒 U 形的排座法。一般情况下，学生围成半圆形，我站在他们前面。在这种排法中，可以用一个小窍门专门管理其中的纪律问题。最开始的时候，我把调皮捣蛋的学生安排到教室的两边，并为此沾沾自喜，以为这是个明智之举，比他们紧挨着一起坐要好多了。可是，千万别这么做啊！他们会面对面地——随意做鬼脸，互相吆喝，或者做着一个个寻开心的动作。好在最终我还是把他们给搞定了。我把他们的座位全部排在一边，中间隔着比他们专心的同学。这些吵客彼此看不到对方，只好把注意力集中在你身上。这样做还有另一个好处，就是你站立的位置既能靠近那些不专心的学生，也能处在教室的两端，可以盯住那些随时冒出来的捣蛋鬼。

如果你的班上都是困难生，我就不建议采用这种座位安排；但如果你班上的学生层次分布比较均匀，这样的安排可以使每位同学都能积极参与课堂。

我要强烈建议一点，那就是学生必须轮流换座位。以前我是每月让他们换一次座位的，这样能保证他们可以与不同的学生坐在一起。如果采用传统方式安排座位，那么，可以把其中某一列向后移一个位置，旁边那一列再往后移一个位置，如此保证每个人边上都坐着新的同学。交往是十分重要的，学生应该熟悉班上的每位同学，而不是局限在自己的小圈子里面。

不要按身高（或性别）安排座位

对学生而言，因为没有达到身高标准而被拎出来是件丢脸的事。不要为小个子孩子担心——他们哪儿都能看到，如果他们真有什么看不到，他们一定会提出来。他们最不希望你因为他们矮了那么几英寸而对他们另眼相看（也不要说他们有多高，这样做，高个子们也会感到怪怪的）。

按学生的个头大小来排队也很没必要。试着让他们自己排队，或者按字母顺序进行排队（也可以反向顺序，免得那些叫 Ziegler 的人总排在最后）。

说到排座位，我们从来不会按种族进行分隔，但为什么要坚持按照性别进行隔离呢？在这一点上，即便学生愿意，作为教育者，我们也不该抱有男女是"相对立的"这一错误的看法。我们应鼓励男女生之间尽早交往，不要让不同性别的人视对方为"敌人"或"另一边"。如果我们在低年级时就不再按性别分开学生，到了中段，这些男孩女孩将会因为对方的存在而变得丰富多彩。

组建学习小组

如果不必考虑学习成绩，那么，用一副扑克牌分组倒是个不错的办法。我个人建议，一年之中要尽可能地进行多种不同的组合，这样做其实很简单，把扑克牌发给学生，贴到书包上就可以了。（你必须记住每位学生的牌，万一有人掉了，你还有备份。）如果有 28 名学生，你就要将整套花色从 A 到 7 的扑克牌发下去。

教学时，如果你希望组建一个大组，你就取所有的相同花色；如果你想要小一点的组，你就取相同的数字；如果你希望每组组员多于 4 人，你就取两个数字；如果你野心大，想玩混搭，你就取数字和花色（如红色 A，黑色 3）。这样的组合不计其数。这样做的好处是，学生会很早就知道分组是随机的，不过，你得告诉学生，万一小组进了一名不受欢迎的新人，大家谁都不准抱怨。

问卷记录

你可能需要从学生和他们的父母那里得到大量的信息。想要做到这一点，最好的办法是让你的学生和他们的家长各填写一份问卷。这份问卷应包括学生的姓名、住址、电话号码、电子邮件以及他们的计划安排，这样，万一有什么情况需要你联系他们，你就能很容易找到他们。你可以调查他们的课外活动，看看他们放学后是否仍在学习。问卷还应包括家长在工作时间内的联系电话，以及在白天找到他们的方法。你可以了解家长在哪些方面具有才能，并愿意在班上进行分享。最好调查下他们在家里所使用的语言。当然，你也可以问问家长，他们想要咨询你哪些事情。在家长会之前就向家长们搜集问题，能使你在回答这些问题时考虑周全。你甚至可以向他们提出建议性问题，如："你有没有注意到举止上的变化？我们要怎样一起努力，才能确保孩子在接下来的一年中取得长足进步？"

当你获得所有这些信息的反馈之后，把它们放在一个大的活页夹里。如果你特别想要有条理，你可以买一些带有小框框的标签纸，将学生的姓名及有关信息记录下来。然后，在活页夹里做好每一次的会议记录、与家长和导师的谈话记录，并把移交单（referral slips）等材料放入其中。这样，每件事都显得有条不紊，一旦想要查询，也就轻松容易了。

年初 / 年末卡

利用年初 / 年末卡，你可以在年初了解自己的学生，并在年末了解他们所发生的变化。

首先，你把带有问题的索引卡片发给学生，这些问题能帮助你更好地了解他们，如：

你最喜欢什么科目？

你的毛病是什么？

你今年的心愿是什么？

你喜欢什么音乐？

把这些问题卡保存好，等到学年的最后一天，发还给学生。通常情况下，他们会哈哈大笑，因为其中的答案到了年底有半数已经发生了改变。我就见过那些小鬼面露尴尬，原因是在开学时他们喜欢上了"错误"的摇滚乐队，至今都不相信当初自己竟那么土。

第一天的"球鞋"

对低幼孩子来说，在桌上摆放一排资料，就能成为开学第一天的精彩活动。装材料的盒子可以做成球鞋形状，名曰"踏入五年级的球鞋"。布置一些简单的桌面任务，让他们不需要指令就能立刻开始做事。这年初做的事，最好能为一年中余下的日子定下基调。如果想要搞得特别一点，你甚至可以把每个学生的名字写在"球鞋"上。

趣味介绍

根据学生的年龄，可以有很多方法让他们介绍自己。我随便举几个：

低幼孩子可以在说出自己的名字后加上一个名词，譬如"萨拉，歌手"。不过，在使用这种方法让学生介绍自己时，请不要让他们重复前面说过的所有名字，这很有压力，而且对最后一个孩子来说也不公平。还有一种方法，是让孩子们爆料他们自己一件特别的事情（或者让他们在班上显得与众不同的事情）。学生们可以两两结对，尽可能多地找出对方的特别之处，然后将之介绍给全班同学。有些学生会觉得介绍别人要比介绍自己容易。这个方法，如果能准备好一些建议性问题，会变得更加容易操作。另一个也是两两结对的方法，是让两个或两个以上的学生列出他们的相同之处和不同之处。更有趣的活动是让每一位孩子写下一句真话和一句谎话，并让大家猜猜哪句是真话哪句是假话。这种方法很容易达到破冰效果，因为不但孩子们喜欢，老师也容易参与其中。要是你觉得用传统的方法更加方便，你可以给学生布置书面作业，让他们在纸上介绍自己，并大声念出来。通过这种方法，你还能不露声色地测试他们的写作技能。

把名字（还有电话号码？）写在黑板上

不用说，你首先要做的，是把自己的名字写在黑板上。既然你是班上的头，你就有必要让大家都知道你是谁。可能你会问："天哪，我为什么要把我家里的电话号码告诉这些素不相识的人？"也许你脑子里会闪过这样一些画面：学校里的半数学生打电话来，问你家里的冰箱是否开着（running，与"跑"意义双关。——译者注），然后告诉你马上去抓住它（go catch it）！或许真的有人会这么做吧，但我惊讶地发现，当我允许学生打电话时，他们通常情况下并不打，除非与上学有关。

我这样做有两点理由。首先，允许学生往你家里打电话，会让他们觉得这是你对他们的信任。我说得很清楚，只有当事情真的很重要，他们非同我说不可时，才可以打电话给我。他们不会打电话问作业，因为他们有作业伙伴（homework buddy）（参阅 43 页"作业伙伴"[①]）。我还告诉他们，我睡觉很早，九点以后不要再打电话过来。其次，我为什么这么大方地把电话号码告诉他们？因为如果他们真要打恶作剧电话，他们只需查看电话号码簿就能找到我的号码。

刚开始，总有一些孩子会假装打电话，目的是听听我"在家的"声音。偶尔，我也会接到孩子紧急求助的电话。但很少会有"神秘电话"，即便有那么几个，也往往是因为学生或其他人打错电话了，或者不懂礼数冒冒失失地打了进来。

这只是我的个人经历。许多老师对此会很不习惯，如果那样的话，就别这样做了。（如果你是姓铁的，你就可以铁了心不理这一套！）

你有邮件

如果你不想把你的号码告诉学生也行。尽管如此，还有一种在课外与他们进行联系的方式——通过互联网。既然大部分学校给每位老师分派了邮箱，学生和家长就可以随时问你问题，或者表达他们的关切，而你呢，也能够用 100

[①] 由于本书各章是原文照录各位作者专著的内容，所以行文中提到的"参阅……""参见附录"，以及"第八章""第五章""前面几个章节"等均指原专著相关内容及其章节，而不是指本书的内容与章节编排，特此说明。——译者注

个或更少的词语对他们进行回复。

有些老师会把私人邮箱告诉给学生，但我得提醒你，一旦你出现在他们的朋友列表上，你会突然听到"砰"的一声，告诉你有"即时消息"，然后一条接一条的消息接踵而至，最后你猛然醒悟，原来全班同学都想和你在线聊天！所以不妨考虑使用不同的昵称，这样，你只要更改你的昵称就行了，你的学生不会知道你在网上闲逛，计划着你的假期。

具体的课堂指导及规矩

有一点很重要：你得想清楚，你到底希望班上同学做什么，而他们又希望你做什么。你可以详细地向他们解释每一件事情，但是最好用书面的形式制定规矩，并把它交到他们手中（或者写在公示板上）。你可以给他们两种作业版本。第一种必须写到笔记本上，至于第二种，学生和家长必须签字后交还给你存档。在这一学年中，如果有学生说，"我真不知道我会因为没做第188页的作业而不及格"，你就可以调出她的签字本。另外，让家长签字也是非常重要的，因为据说某些家长会试图告状，说没人告知他们孩子到底需要完成哪些任务。此时，你可以给他们出示签过字的协议，这一招会令他们知趣而退。

让学生定规章制度

你可以问问班上同学，哪些规章制度他们认为是公平的。（别问他们哪些规章制度是不公平的，否则，你会后悔的！）

比如说，我问他们，怎样才能让教室安全。然后我们就开始头脑风暴，整理出一串规章制度。这样一来，他们要抱怨不公平就难了，因为这些规章制度是他们自己定的。

当然，如果你发现他们吊儿郎当，制定的是像"永远不要有作业"这样的规则，你就只好恢复专制，宣布一切由你说了算。

你是中心

学年之初是你树立负责人形象的好时机。

观察同学间的团体是如何形成的，以及你是如何不经意参与其中的。我发现，如果有些孩子能放倒老师，他们就被认为很"酷"。不过，如果他们真的得逞了，那你的麻烦就大了。他们一般的做法是：高声呼喊老师的名字，低声嘟囔，或者当你好好地站在教室前面时，他们怂恿其他学生聊天。怎么办？有时候，瞟一眼那些捣蛋的学生就够了。如果不行，你就采取那些难以想象的、令学生难堪的措施。你可以停下来，告诉那个耍"酷"的学生，任何情况下都不能和其他人交谈，否则你将捍卫班上每位学生的权利。（对某些学生来说，这招的杀伤力极大。）

如果你想好好地和那些聊天族商量，吵闹声只会越来越大，还没等你反应过来，谁的话都已听不到了，你只能大喊大叫干着急。我并不是说教室里始终应该安安静静——我从未这样奢求过——而是说，老师上课时，应该有发言权。

好的教育会鼓励充满激情的发言，正如我们的耳朵喜欢音乐那样。

你可以一直放松

一开始，大家很容易沮丧，因为没人愿意背着那些"苛刻"的规则开始新的一年。但是，如果你不事先制定规章制度，你将为之承担后果。如果你规定每天都有作业，他们会抱怨，但同时也会期待。而哪天你不布置作业时，他们就会视你为圣人。

但是反过来做，结果就会很惨。不妨试着告诉孩子们，你周末不给他们布置作业了，而事实上却布置了。——你就等着他们造你的反吧！

和学生坐一起

我们绝大多数时候都是站在教室前面上课。这有点枯燥，有时候甚至还有点可怕；唉，黑板、天花板都在那里，站在那里才会成为焦点。但是，偶尔我会拖把椅子，和学生坐在一起，这个时候通常和他们一起读读故事或者讨论问题。放下身段和学生坐在一起，会让每个人感觉更自在。我发现，用这种办法，有利于更多的学生参与到课堂中来。

此外，坐在桌上，而不是站着，效果同样不错，而且这样做会打消你购买那些不好看的"舒适的鞋子"的念头。

在门口迎接学生

很多时候，我们的学生在学校里觉得很孤单，尤其是那些高年级的学生，他们在老师中间窜来窜去。他们淹没在教学楼里数百个学生当中，很少会被单独认出，除非他们在某些方面表现突出。

教师要始终作好开导的准备，要始终静候着学生。为什么我们不在门口迎接学生呢？如果在迎接时能叫出他们的名字，那就更加非同寻常了。我有个同事，教九年级，喜欢用姓氏称呼学生，这让学生获得了一种像成年人一般的受尊重感。

记录！记录！记录！

一旦有突发事件或较大违规时，教师应该用书面的形式将之记录下来。记住，陈述不能带有主观性，只能包括事实，不能有个人的看法。

有时候，我们因为被教师的责任心弄得不知所措，常常拖着没及时把报告写下来，以至于到了后来就忘记了。千万别这样。许多时候，家长会不管三七二十一站在孩子一边，指责你在找学生的茬。如果老师能够拿出记录，告诉家长这个孩子有过违纪并记录在案，一切就会显得好办多了。根据法律，你必须记录所有事件，因为诉讼在当下正变得越来越司空见惯。我这样说，主要是告诉你要保护好自己。

我班上有一个极其捣蛋害人的学生。我同他母亲说起时，她起先还表示一下关心。后来，她的关心变成了"找老师去"，而不是设法帮助自己的儿子。儿子在浴室里放火，做母亲的只想要这件事的证据。就儿子的行为，她避而不谈其严重性，却总是和我唱对台戏。可奇怪的是，很少有老师在报告中提及这位孩子。[尽管我们吃饭时会分享一下"吉米"（Jimmy）的故事，并试图想办法帮助他。] 这位母亲还口头攻击我，说我不喜欢她的孩子。（这类家长的故事，后面还有更多。）如果我有所有的证据，我倒有可能帮到那孩子。可惜的是，他最终被另外一个学生伤害了，而没有得到他最应得的辅导。

呦！还剩五分钟！

一定是这样。你的计划很完美——一堂 40 分钟的课，你打算花 30 分钟。可猜猜结果会怎样？搞砸了！你搞得他们没有兴趣，你千方百计地施展书上的每一招想搞活课堂，可到头来却发现时间还有很多。这点时间来不及讲新东西，但坐着等下课铃声又太长了。

那么这点时间能做什么呢？我建议，不管你教哪个年级，都不妨玩玩"西蒙说"（Simon Says）① 这个游戏吧！这个游戏一定会让大家开心。如果你希望更益智点，那就玩刽子手（Hangman）② 游戏吧。为了让大家玩得尽兴，你可以把教室分成两半，实施团队竞赛。我组织的刽子手游戏是一个句子而不是一个单词。（这取决于你随机剩下的时间！）还有一个好办法是，读一个随时可以捡起

---

① Simon Says 是一个传统的儿童游戏，锻炼孩子的反应能力。教师在发出指令前可以说"Simon says"，也可以不说，譬如"Simon says, touch your nose"或"Touch your nose"。若指令前有"Simon says"，则学生做此动作，指令前没有"Simon says"，学生便不做此动作。——译者注

② Hangman 是一种猜字游戏，在小人上吊和时间结束之前猜出名字。——译者注

来读的故事。等到铃声一响，孩子开始抱怨，你就发现，你已经赢了。

用积极的一笔结束第一天

一定要用积极的一笔结束第一天。你可能已经告诉他们这个学期要做的项目，也可能发给他们许多要拿回家看的书籍。但是今天，你可以非常友好地宣布，他们只有很少的作业，因为你希望他们好好休息，准备第二天的精彩。你的一天结束了，但愿学生们也是满脸笑容，觉得你是世界上最公正的人，并且永远都感激你——好了，也许不是永远，但几个小时也好过一点都没有。

第三章
应对交往中的不良行为 ①

大卫·苏泽

社会脑和情绪脑

"我饿得慌，没法清醒地思考问题了！""他让我抓狂，我恨不得揍他一顿！"这两句话都清楚地表明，情绪正在高涨。几千年来，人们一直在与情绪打交道，但始终未曾明白情绪的根源是什么，以及它们是怎样引导我们的行为的。不过，多亏脑成像技术的发展，研究者们在深层神经网络的探索上取得了巨大的进步，这些深层神经网络能促进或抑制某些行为。毕竟，人不只是一种信息处理器，同时也是一种有动机的、社会性的、情绪化的生物，并一直与周围的环境相互影响着。学校和教室对环境的要求尤其苛刻，因为在这样一个封闭的区域里，聚集了如此多不同性格的人，他们彼此间打交道时都需要遵循一种既定的、能被接受的情绪和交往行为规则。

> 学校和教室对环境的要求尤其苛刻，因为在这样一个封闭的区域里，聚集了如此多不同性格的人，他们彼此间打交道时都需要遵循一种既定的、能被接受的情绪和交往行为规则。

有些学生在交往中的行为让人无法接受，他们的大脑里到底发生了什么？难道这仅仅是他们对某个特定情形的暂时反应吗？或者是一种潜在失衡的症状？我们有没有立即给这些学生做心理评估或试图对他们进行教学干预从而

---

① 选自大卫·苏泽所著的《大脑如何影响行为：课堂管理策略》（*How the Brain Influences Behavior: Management Strategies for Every Classroom*），科文书社，2009 年。

改善其行为？这些问题很难回答。不过，在回答这些问题之前，我们有必要回顾一下科学家对于大脑是如何处理情绪的认识。这样做的目的并非要把教师变成神经学家，但是，如果有更多的教师明白情绪脑是如何工作的，他们选择那些能让学生举止得体并获得优异成绩的教学策略的可能性也就越大了。

情绪加工

在脑成像技术尚未出现的 20 世纪 50 年代，研究者们认为负责情绪加工的构造位于中脑，也就是保罗·麦克莱恩（Paul MacLean，1952）称之为边缘系统（limbic system）的那一块区域（图 3.1）。他的研究很有影响力，"边缘系统"这个词条沿用至今，继续在有关大脑的现代教材中出现。不过，当下的研究并不支持这一观点——边缘系统是唯一进行情绪加工的区域，或者说边缘系统中的所有构造都是负责情绪的。脑成像显示，当情绪被加工时，额叶（frontal lobe）和其他区域也同样被激活，边缘结构诸如海马体（hippocampus）等也会参与到非情绪化的加工中去，譬如记忆等。根据这些新的发现，目前的主流观点认为这一位置才是"边缘区域"，如图 3.1 所示。

麦克莱恩也认为额叶（位于前额后面）是思维出现的地方。现在我们知道额叶包括大脑的理性和执行控制中心，用以处理高级思维活动并指导问题的解决。此外，额叶还有一个重要的功能，即通过认知加工，监视并控制边缘构造产生的情绪。这使得我们在愤怒时，会停止做一些令我们事后懊悔的事情，也会使我们避免因为纵容情感好奇或讨好他人而采取不必要的冒险行为。

大脑的情绪区域和理智区域的发展

除此之外，人类依靠家庭而得以生存。在家庭中，感情纽带增加了生儿育女的概率，并促使人们将孩子抚养成人，使之继续繁衍后代。几千年来，人类大脑在过滤身体各感官传来的信号过程中，已经学会了把生存和情感信息放在首位。因此，我们不会惊讶于人脑进化的研究结果——情绪（在生理上较年长）

区域比额叶发展快而且成熟得早（Paus，2005；Steinberg，2005）。图 3.2 显示的
是从出生到 24 岁这一过程中边缘区域和额叶的发展情况（以百分比表示）。边
缘区域在 10 到 12 岁之间完全发育成熟，而额叶要到将近 22 至 24 岁时才成熟。
因此，在这场青春期前的行为控制拔河比赛中，情绪系统更可能获胜。

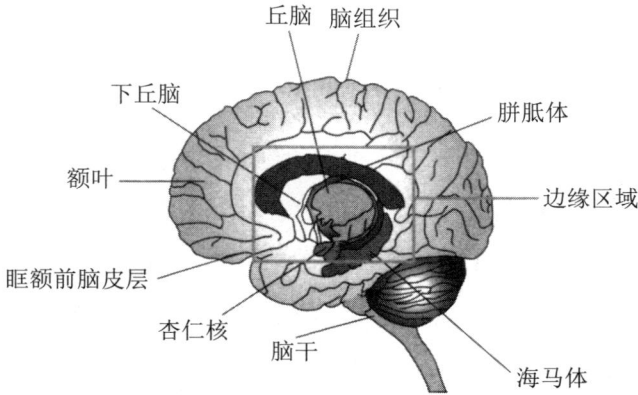

图 3.1　人脑截面图

此图显示人脑的主要构造，并突出深埋于脑部的边缘区域。

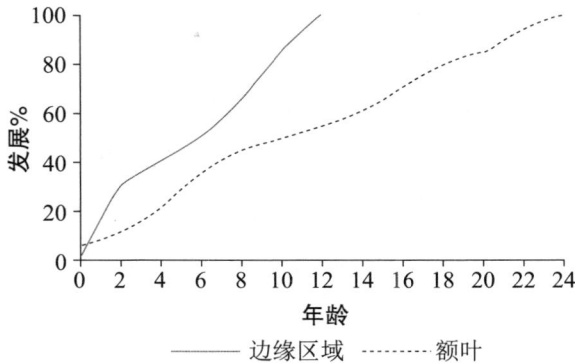

图 3.2　大脑边缘区域及额叶的发展

基于近期研究，此图描述了大脑边缘区域和额叶发展的大概程度。
资料来源：Adapted from Paus, 2005, and Steinberg, 2005.

这对于尚未进入青春期的孩子的课堂教学又意味着什么呢？情绪指导他们

的行为，包括将注意力引向学习情境。但更重要的是，我们必须明白情绪注意力先于认知识别。比如说，你在花园里看到一条蛇，没过几分钟，你的手掌开始出汗，你的呼吸开始紧张，你的血压开始升高——而所有这一切发生时，你都不知道那条蛇到底是死是活。这就是你的边缘区域在发生作用，它不需要大脑（额叶）认知部分输入的信息就能对情境作出情绪化的反应，并且，由于缺乏像思考、推理、意识等认知功能的帮助，这种反应很有可能是致命的（Damasio，2003）。

青春期前的学生对某个情境所作出的反应，应该是情绪快于理智。显然，情绪主导很容易使他们陷入麻烦。假设两个学生在学校走廊里发生碰撞，其中一个可能会报复性地一拳打过去，而不是说声"对不起"。从积极的一面看，在授课时这种情绪聚焦还是具有优势的。如果我们能让学生和当天的学习目标建立情感联系，我们就可以成功地使他们专心学习。上课一开始就说"我们今天要学习摩擦力"，正如问学生比萨要吃三分之一、四分之一还是六分之一那样，是无法吸引他们的注意力的。只有教师对课程保有积极的情绪，他才有可能引起学生的注意，并帮助他们看到课程在现实生活中的应用。

眶额前脑皮层：决策者

随着对情绪的了解更加深入，人们已经弄清楚，情绪是一个复杂的行为，不能简单地将其归入某一个神经系统。恰恰相反，不同的神经系统都可能因为情绪任务或情境而被激活。这些系统主要包括专门处理情绪的区域，也包括负责其他功能的区域。其中有两个看似负责处理情绪的区域，其实是眶额前脑皮层（orbitofrontal cortex）和杏仁核（amygdala）（Gazzaniga，Ivry，& Mangun，2002）。

眶额前脑皮层位于额叶底层，眼眶上壁（图3.1）。研究显示，这一大脑区域控制我们的判断能力和抑制能力，并根据社会的、情绪的信息而采取行动。尽管我们至今尚未完全明白这种控制是如何起作用的，但是通过成像研究，我们仍不断地获得了线索。脑部扫描显示，当成年人被要求在情绪刺激下作出决定时，其神经制动机制在几毫秒内就能被激活（1毫秒等于1/1000秒），该制动信号被传输到丘脑（thalamus）（见图3.1），并阻止行动的发生。同时，第三块大脑区域启动计划，停止或继续对情绪刺激作出反应。由于这些脑部区域是直接相通的，因此彼此间的信号传递非常迅速。在这个过程中，制动机

> 大脑眶额前脑皮层在几毫秒内激活神经制动机制，阻止行动的发生，并允许个体决定采取什么行为来应对情绪刺激。

制的开启能使人有足够的时间作出更为理智、非情绪化的决定（Aron，Behrens，Smith，Frank，& Poldrack，2007）。尽管如此，控制机制越不成熟，制动过程的效果就越差，其结果是，我们的社会行为和情绪行为基本上由这些位于眶额前脑皮层的系统控制能力决定。

交往决策。在一个社会情境中，通过对内外信息进行分析判断，然后决定采取何种行动，这是我们制定决策的一个方法。比如说，我们可能会对某些事情感到心烦意乱，恨不得大叫一声。但如果此时我们正在一辆拥挤的公车上，或正走在熙熙攘攘的购物中心，那么，社会情境（这些人会觉得我有病吧？）就不会允许我们真的这样做。在学校，学生们也经常收敛自己，不由着性子做事，主要也是因为他们害怕同伴会对自己的行为有看法。例如，有些学生由于害怕同伴把自己当作书呆子或老师的宠物从而被其所属的社会群体排斥，便令人遗憾地不把自己的潜能表现出来。而另一方面，学生有时会做出一些冒险行为（如未成年人酗酒、飙车等），其目的只是引起同伴的注意。由此可见，社会情境能在很大程度上抑制或促进行为的发生。

> 社会情境能在很大程度上抑制或促进行为的发生。

眶额前脑皮层受损的人很难抑制交往中的不良行为，如无缘无故的攻击等，同时，他们在制定交往决策时也存在着困难。另外，虽然他们完全明白周围那些有形物体的用途，但在交往中却无法做到恰当使用。比如说，铅笔是用来写字的，但有这方面缺陷的学生却可能用铅笔去不停地戳人。

情绪决策。由于社会线索常常能引起我们的情绪反应，因此，我们在社会

情境中的行动，是与我们对情感信息所作出的判断以及据此所采取的行动密切相关的。不过，实验表明，眶额前脑皮层判断的是某个特殊情境下的情绪反应类型。有时候，这意味着要对正常情况下作出的自然反应进行修正。譬如，想象一下，一个蹒跚学步的孩子两眼盯着巧克力曲奇，如果你不同意他吃，这孩子就会大受打击，又踢又叫地乱发脾气。他的额叶还没有发育完全，无法修正这种冲动，所以会随时把他的脾气甩给周围的人看。现在，轮到一个年纪稍大的孩子了。碰到同样的情境，也许他也要发脾气，但他的前脑皮层有了进一步的发育，因此他修正了各种冲动。需要注意的是，头部受伤、吸毒、酗酒及其他创伤事件会削弱大脑对情绪的修正能力，并使孩子在行为上回到低层次水平，与其年龄不相符合。

再举一个例子。通常对真正有趣的笑话，我们会大声笑出来。但是，在诸如演讲或者教堂那样的情境里，这种笑在情感上并不合适。由此，眶额前脑皮层会迅速对社会情境作出判断，撤销这种贯常笑声（Rolls，1999）。为了做到这一点，眶额前脑皮层必须依靠大脑构造中其他各部分的已知信息，其中之一便是杏仁核，它与眶额前脑皮层互为沟通。

杏仁核：通向情感认知的大门

杏仁核（希腊语称之为"杏仁"，因其与杏仁的形状和大小类似）位于边缘区域，在海马体前方，左右半脑各有一个（图3.1）。从图3.1中可以看出大脑两侧杏仁核的位置。大量研究显示，杏仁核对情感认知和记忆至关重要。这些知识与隐性情感认知、外显记忆、交际反应及警惕性有关。下面对此作一简单叙述：

隐性情感认知。假设在一个学生所住的区域，帮派火拼是家常便饭。枪击声让他心生恐惧。如果他听到学校停车场里的汽车回火声，一定会不由自主地产生同样的恐惧。这是因为这位学生的杏仁核把神经刺激（汽车回火）和恐怖事件（枪击）联系到了一起。这种隐性认知引起了所谓的"条件性恐惧"。有些人听到狗叫声也会产生类似的反应。从视觉处理系统获得的信息激活了杏仁核，后者立即将信号传递给脑干（brainstem），从而使心率加快和血压升高，同时，也将信号传给额叶，以决定采取何种行动。

外显情感认知和记忆。杏仁核与其他记忆组块相互作用，尤其是旁边的海马体（图 3.1）。海马体（源于希腊语，因其形状像海马）位于边缘区域，在左右脑半球的杏仁核后面，它是大脑记忆系统中的主要组成部分，主要负责把认知的和空间的信息编码成长期记忆。

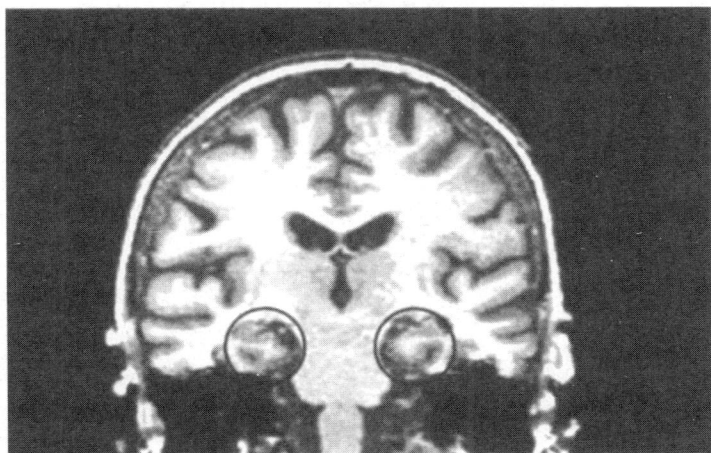

图 3.3　圆圈表示海马体在人脑左右两侧的位置。

长期记忆里储存的信息能够激活杏仁核，并引起个体对某个情境的恐惧性反应，尽管他再没有遇到过与过去相同的情境。比如说，一个名叫约翰的中学生在上学路上见到另一个同学朝他走来。当那位同学越来越靠近时，约翰变得紧张害怕起来，便走到了街道的对面。到底是什么引起了他这样的反应？很可能是这样：约翰从一个朋友那儿得知，这位同学是名恶霸，会无缘无故地打人。眼下，约翰虽然没有同那个恶霸有过任何不友好的往来，但他还是从朋友那儿清楚地了解到他的进攻性，并且这一信息一直储存在他的海马记忆系统里。

在约翰听说这条信息时，他是不可能体验到恐惧的，但是，一旦等他亲眼看到那个恶霸朝他走来，记忆中的这条信息便迅速通知杏仁核，并引起了恐惧反应。这类情感认知非常普遍，我们回避或害怕某个情境，并非因为我们经历过什么，而仅仅是因为我们听说过什么。

当然，对某些情感经历，我们还是记忆犹新的，因为它们给予了我们美好的感觉，比如初吻、毕业时的自豪感、结婚日。杏仁核与海马记忆系统的相互作用，使我们能长时间地记住那些重要的情感事件，同时也能记住那些令我们胆战心惊的场面。

教师可以利用这一点强化他们的教学。只要教师在教学内容和情感之间建立一种紧密的关系，并在教学过程中毫不隐讳其中的情感关系，大部分学生会更清楚地、更长久地记住教学内容。比如，在美国历史课上讲授"种族隔离时代"这一内容时，教师可在上课伊始就对学生说："今天，穿白网球鞋的学生都坐到教室后面去，中午也不能去自助餐厅吃饭！快，马上坐过去！"学生换位置之后，教师问学生，这些言辞以及强迫他们往后坐使他们感受如何。最后，教师告诉学生，因为肤色的不同，美国的某些公民的确受到过这种不公正的待遇。这个例子可能使许多读者产生强烈的情感反应，并会被长时间地记住。

> 只要教师在教学内容和情感之间建立一种紧密的关系，并在教学过程中毫不隐讳其中的情感关系，大部分学生会更清楚地、更长久地记住教学内容。

交往反应。尽管杏仁核在交际处理方面的作用有限，但在判断脸部表情和口头表达时，它似乎仍是很重要的。大脑成像研究表明，左脑杏仁核更多的是对声音信息进行反应，右脑杏仁核则主要负责处理面部表情。研究进一步显示，杏仁核能被不同类型的情绪表达所激活，譬如高兴或生气（Johnstone, van Reekum, Oakes, & Davidson, 2006）。然而，在对恐惧的脸部表情作出反应时，这种激活会显得尤为强烈。这个反应还延伸至对其他交际中与脸部有关的判断，比如从脸部表情判断照片上的人是否可接近或可信任（Adolphs, Tranel, & Denburg, 2000）。

对教师而言，记住这种对脸部及情绪表情的敏感性是十分重要的。无论我们跟学生说什么，如果杏仁核对我们脸部表情和情绪行为的判断与我们的话语相矛盾，他们就很可能不会相信我们，其结果是，师生间的信任关系因此被破坏。

　　警惕性。长期以来，人们认为杏仁核不仅处理情绪刺激，还引起针对该刺激的情绪反应。然而，最近越来越多的研究表明，杏仁核的作用似乎是处理情感信息，并通知对该信息必须保持敏感的大脑其他区域，从而提高其他脑系统的警惕性，使它们在必要时能对情境作出反应（Anderson & Phelps，2002）。

情感信号的通道

　　丘脑是一个边缘区域的构造，接受所有外来的感觉刺激（气味除外），并把他们传递到大脑其他部分进行进一步处理。丘脑有一个情感成分，到达丘脑的外来感官信息可以通过两条通道进入杏仁核。快速通道（丘脑通道）直接将信号从丘脑传递到杏仁核，如图 3.4 所示；第二个通道（皮层通道）是指丘脑先把信号传递到额叶进行认知加工，然后再传递到杏仁核，如图 3.5 所示。

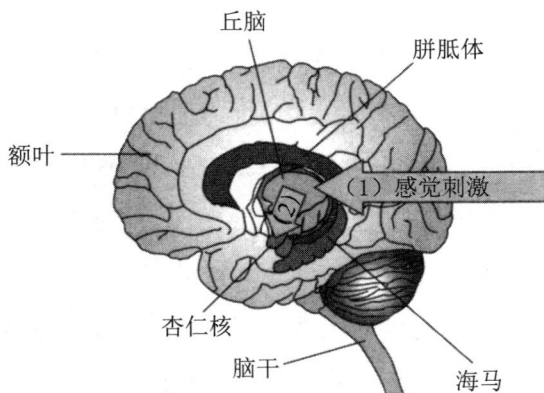

图 3.4　在丘脑通道，感觉刺激（1）到了丘脑之后，被直接传递到杏仁核（2）。

　　信号在两个通道传递时所花的时间不同。声音信号从丘脑通道走要花 12 毫秒，是皮层通道的两倍。信号从哪条通道传递，往往意味着生和死的差别。假如声音来自一辆越来越近并正在鸣笛的汽车，沿丘脑通道传递，速度就会非常快，即便你还不清楚对面过来的是什么东西，你也会迅速跳到路边。稍后，你的额叶会解释刚刚发生的状况。毕竟求生最要紧，解释可以延后进行。

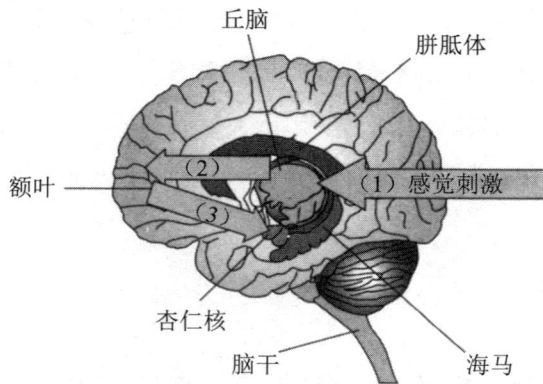

丘脑　　胼胝体

额叶　　（2）　　（1）感觉刺激

（3）

杏仁核

脑干　　海马

图 3.5 在皮层通道，感觉刺激（1）首先被传递到额叶（2）进行认知加工，然后继续被传递到杏仁核（3）。

这两个通道系统的紊乱或缺陷现象，能解释一些异常的交际行为。比如说，不管是什么时候，只要某个行为（如走入人群）和恐惧联系在一起，它就会导致社交焦虑障碍。如果这种传递始终在较快的丘脑通道里发生，额叶就没有机会说服你不必恐惧。而一旦缺少了这种输入，恐惧就会产生，之后的理性讨论也将很难缓解这种恐惧。这大概能解释在治疗恐惧焦虑障碍时，仅仅依靠心理疗法是很难取得成功的（Restak, 2000; Schneier, 2003）。现在，我们通常采用心理疗法辅助药物来治疗恐惧焦虑障碍，主要使用抗抑郁、抗焦虑的药物，以及用来控制身体症状的 β - 受体阻滞剂等。除此之外，食疗、眼动脱敏与再加工以及放松疗法等替代疗法，也在一些个体身上取得了明显效果。只要治疗得当，许多焦虑症患者还是能过上正常而充实的生活的。

是什么导致了交际中的不良行为？

几十年来，社会学家对影响人们在交际情境下产生行为的各种因素进行了研究。当然，在相似的情境下，儿童的行为与成人迥然不同，最主要是因为他们的交际技能仍处在发展之中。进一步说，正如上文所讨论的那样，他们的额叶执行控制系统尚未成熟，不能完全约束过多的情绪反应。

针对交际行为和不良行为的神经生物学并不太好理解，不过，目前出现了社会神经学这一新的领域，同时，人们也探索出一些令人兴奋的研究方法。这样做的目的正是从大脑的角度去理解交际行为。通过脑成像技术以及对大脑受损病人的研究，研究人员希望能破译出神经通道是如何控制态度、观念、情绪及其他旨在交往的行为的。

虽然脑成像技术令人兴奋，但它仍有自身的局限。扫描检查器上的病人不能动来动去，他们通常也不能和其他人直接互动。他们自己发出的信号并不代表某个具体行为。这些大脑信号必须与行为相联系，才具有心理学上的意义。另外，成像研究的结果一定要与其他相关领域的发现联系在一起，如病变研究、动物实验和涉及制药的研究等。在这种思路的指导下，研究小组开始研究交际行为的各个领域，包括成见及态度。

成见。在早期的研究中，社会心理学家发现大脑会自动把人和物体进行归类，如"熟悉的"和"陌生的"，"好的"和"坏的"。这样的归类，使得个体对人和物的感受和反应具有了偏向性。于是，神经学家运用成像技术对杏仁核进行了集中关注，以便组合一条可能的神经通道，而这一通道也许导致了个体对人和物的成见。研究者要问的一个问题是："这种大脑构造会认为不同种族的人在情绪上都一样重要吗？"他们发现，杏仁核在看到陌生面孔时会特别活跃。然而，这样的面孔一旦看到过多次，杏仁核就会停止关注相同种族的面孔，而去更多地关注不同种族的面孔了。于是，看到黑人面孔时，白人的杏仁核会更加活跃，看到白人面孔时，黑人的杏仁核会更加活跃。杏仁核里活动的增强，可能会引发一种恐惧反应，并在潜意识中加强对不同种族的人的偏见（Hart et al., 2000）。

这些结论并非表示大脑存在着种族分类的模块，而更可能是我们作为一个物种在进化过程中体验环境的结果。我们先祖的活动范围有限，没有机会遇见和他们长相不同的人。而当他们真的遇见时，他们的大脑回路会对对方进行分类，以判断他们是敌还是友。

此外，杏仁核活动的增强并不意味着反应是不可改变的。新的体验会改变大脑。后续成像研究显示，相对于异族面孔，杏仁核对同种族面孔所作出的反应会随着熟悉程度和认知程度而有所改变（Phelps et al., 2000）。也就是说，行为在大脑里的表象并没有降低或改变对那个行为的认知重要性（Kurzban, Tooby, & Cosmides, 2001; Phelps & Thomas, 2003）。

态度。研究者们一直认为，在有意识地对信息进行适量加工之后，个体会改变态度。比如认知失调理论就预言，人们在清醒地认识到核心信念与态度之间存在着冲突之后，往往会改变态度。研究者们利用健忘症患者对改变态度的通道进行了研究。他们发现，当看到态度和信念发生冲突时，健忘症患者更倾向于改变态度。认知失调理论并没有预测到这个结果，因为健忘症患者不能长时记忆，无法清醒地意识到冲突的存在（Ochsner & Lieberman, 2001）。

然而，当你从大脑的角度考虑时，这个发现就很有道理了。大脑包含许多自动化处理模块，这些模块会无意识地对任何与个体相关的情境作出反应。当健忘症患者被告知他们的态度和核心信念存在冲突时，他们的大脑会自动改变态度，从而与信念保持一致。与常人的唯一区别是，这些个体不具备有意识处理模块（比如说骄傲），因而无法阻止自己对态度进行改变。

这些发现对学校教育很有意义。带有交际和情绪问题的学生对他们的家庭、学校、同伴甚至他们自己都持有扭曲的、负面的态度和成见。这些态度和成见会与他们的核心信念发生冲突，但是他们没有机会通过必要的认知反应来意识到这种冲突的存在。因此，通过教育干预，可能会成功地帮助学生反省自己的不良行为，并反省这种不良行为在多大程度上是自己的态度和成见所决定的。

对健康而富有成效地管理自己情绪的能力和意识所进行的认知反思被称为情商。雷登巴赫（Redenbach, 2004）提出，情商教学要强调学生对情感的意识以及情感与行为间的关系，重点向学生展示他们应对情绪时所作的重大选择。这种教学最终能提高学生在各种情境下管理情绪的能力。

教师可以通过情商五步法来帮助学生成为情绪管理专家。这五步分别是自我意识、心情管理、动机、同理心及交际技巧。要做到这些，学生需要获得以下几项能力：

- 精确感知、评价和表达情绪。
- 在情感促进对自己或他人的理解的同时，能根据需求获取或产生情感。
- 理解情绪及由此产生的知识。
- 管理情绪，促进情绪和智力的发展。

需要特别指出的是，不论引起交往中不良行为的基本原因是什么，通过适当的干预，大多数个体都能学会节制他们的行为。显然，干预越早，效果也越好。大量的研究显示，具有破坏性和反社会行为的中学生都是高中阶段学习不好和辍学的高危人群（Battin-Pearson et al.，2000；Newcomb et al.，2002）。研究同样显示，如果在小学和中学阶段能通过干预减少破坏性和反社会行为的形式，那么学生在高中阶段学业成功的概率就会大幅提高（Fleming et al.，2005）。在中小学采取预防性干预手段，能帮助学生培养健康的同伴关系，避免受到有行为问题的同伴的影响。研究也发现一些行之有效的项目，如生活技能培训项目（Botvin & Griffin，2004），警惕性项目（Ellickson，McCaffrey，Ghosh-Dastidar，& Longshore，2003），以及全明星项目（McNeal，Hansen，Harrington，& Giles，2004）等。

> 不论引起交往中不良行为的基本原因是什么，通过适当的干预，大多数个体都能学会节制他们的行为。

教师是关键

在决定如何处理那些在交往和情绪上行为不妥的学生时，教师再一次成为了关键人物。研究表明，小学教师认为某些交际的、自我控制的技能是学生成长不可或缺的条件。在某项研究中，至少有125位小学教师指出，在他们的教室里，下面七项交际技能是学生成功的关键（Lane，Givner，& Pierson，2004）：

- 听从指令
- 注意要求

- 控制对同伴的脾气
- 控制和成年人在一起时的脾气
- 与人相处
- 受到打击时反应恰当
- 较好地利用闲暇时间

小学教师（也许还包括许多中学的同行）推崇某些技能，通过这些技能，他们能促进课堂的和谐，并把具有挑衅性的、破坏性的逞能行为降低到最少。当然，教师不是医生，也不是治疗师，但他们是敏锐的观察者。当学生的行为问题持续或升级时，他们能够意识到，并决定采取什么样的措施。其中某个措施是试着进行干预；而且研究表明，这种干预对控制学生的行为很有成效。以下是几种旨在控制交往中不良行为的干预手段。

处理交往中不良行为的干预手段

现在我们已经明白，导致交往中不良行为的原因有很多种。处理这类不良行为，要求我们认真分析具体情境，确定何种干预最有成效。以下这些建议，包括针对交际焦虑而进行的干预，以及运用交际故事约束不良交往行为的干预等等。

应对交际焦虑

针对那些具有交际焦虑的学生，社会神经科学的研究者提供了一些干预建议。这些学生身上的焦虑，往往意味着日后在社交情境下的潜在的不良行为。以下建议来自马萨诸塞州综合医院（copyright MGH，2006）精神病科的网站schoolpsychiatry.org，在获得许可的前提下在此介绍。这些干预建议，只要稍作修改，就能适合各个年级层次的学生。更多材料，详见资源部分。

- **让小学生玩木偶**。允许交际焦虑的学生用木偶训练交友——如对话的开始、继续和结束。你可以为某些学生准备好文稿，比如："嗨，我是兔子邦尼（Bunny）。你叫什么？我喜欢吃胡萝卜。你喜欢吃什么？你要去哪儿玩？我现在要走了。谢谢你和我聊天。再见。"

- **观看他人如何交友**。某些青春期前和青春期的学生几乎不懂得怎么交友。让学生观看交友录像，搞清楚别人怎么做时自己才感觉舒服。录像里的人物用眼睛做了什么？在同人交谈时，他们的手脚是怎么动的？其他人又是如何反应的？在观察这些人物时，学生的感觉如何？

- **帮助拒不发言者**。有些学生在没有任务时会畅所欲言，但由于害怕犯错，在同伴面前却不肯就课堂话题发表观点。我们应允许这样的学生在发言前，先观察其他几位学生。他们要看看其他同学是怎么开始发言的，讲多长时间，眼睛往哪边看，最后怎么结束发言，等等。之后，再请那位拒不发言者在三四个熟悉的同伴面前发言，最后再到全班面前展示。

- **与熟人或喜欢的人坐一起**。搞清楚学生和哪些同伴坐在一起才感到安全，把他们的座位靠在一起。指导学生如何与同伴讨论作业，如"我们有多少作业？什么时候上交？先从哪里开始做？"

- **确定学生小帮手**。把一个不情愿的或蛮横的学生与一个特定的同伴或小组配对，能使这位学生的行为得以改善并参与到班级活动中去。如果上课提问时该学生回答不出来，可允许他选择"求助热线"（lifeline），即他相信能正确回答问题的那个同伴。学生在使用"求助热线"时，教师要等他确定同伴提供的回答正确后，方可采用。

- **分享感受**。通常，成年人和同伴都忙于应对学生的不良交际行为，他们很少停下来面对面地进行交流。找个时间让学生和你或其他老师或同伴一起分享感受吧。

- **操练交际技巧**。有些具有交际不良行为的学生只是缺少对规范行为的练习。因此，在一个有辅导员帮助的小组里，让学生回顾并角色扮演如何交朋友、如何与朋友相处；之后给他们布置家庭作业，让他们在其他场景下练习交际技巧，如在教室、操场或家里等；然后选择经常遇到的或熟悉的交际情境，让学生和其他人一起进行角色扮演，如在操场游戏中制定规则、购买日常用品、邀请他人一起踢足球，等等。

- **训练自我监控**。明确步骤，让学生自我监控与同伴的交往是否恰当。例如，"我让其他人也说话了吗？我们是轮流说话的吗？我从交谈中得到什么信息了吗？"

- **对消极言论进行核实**。如果学生说："我不能去上体操课，因为每个人都会嘲笑我。"那就问问学生："你最后一次去体操课时发生了什么？有什么好事情吗？"也许学生会说："我不想来上学，大家都会取笑我。"那就问学生："同学们到校后都做什么？哪些学生会很高兴见到你？"

- **分析本能的消极念头**。学生说："我这样做是为了让别的同学注意我，我很无趣，没人愿意和我一起玩。"你可以问他"发生什么事啦，你会有这样的想法？"，或者"什么事让你这样想不开？"

运用交际故事修正行为

由于对大多数学生来说，同伴对他们的影响很大，因此教师应该考虑采取行为策略，既运用交际语境的力量修正问题行为，又教会学生克制突发情绪的窍门。这一方法，无论对普通教育教师还是对特殊教育教师，都是十分管用的。

交际故事（有时也被称为连环画对话）就涉及上述两方面因素，并得到了大量研究的支持（Agosta, Graetz, Mastropieri, & Scruggs, 2004; Haggerty, Black, & Smith, 2005; Parsons, 2006; Rogers & Myles, 2001）。它主要呈现问题行为和该行为在社会语境下引发的各种潜在后果。利用交际故事，我们可以传授各种克制愤怒或缓解管理压力的技巧，同时也能展示其他可选行为。故事很简洁，大多数情况下只有 5 ~ 10 句话，并围绕以下方面展开：

- 问题行为的发生
- 问题行为的社会后果以及 / 或适合该情境的其他行为或策略

- 成功改变行为的策略
- 使行为变得更恰当的强化措施
- 适当行为带来的积极影响

为什么交际故事能够奏效

正如上文所述，大脑不仅监控主人如何独自对外部情境作出反应，同时也解释在交际语境下其他人的意图和反应：他们是敌还是友？我是向他们学习还是需要教育他们？我要得到他们的支持吗？我在意他们吗？他们在意我吗？

对一个幼小的尚未成熟的前脑皮质层来说，处理这些概念太过复杂。混乱或不完整的处理，会导致交际反应的不妥切。而交际故事则将个体的注意力集中在一点，即一个人的反应是如何影响他人行为的，比如说，个体的反应会使他人接受该个体还是拒绝该个体？如果交际故事是用心编制的，它就有助于学生的大脑识别交际反应中的因果本质。在日后的交际情境中，这样的处理也会使他们的反应更加得体恰当。

交际故事的准备

交际故事一般都用第一人称写作，其目的是向学生强调故事会直接作用于他们身上。其中会用到与连环画类似的图表或素描，以呈现故事的图景，满足那些阅读有困难的学生（Jaime & Knowlton，2007）。另外有一些交际故事会采用目标学生的真实照片，而不是素描或图片（Haggerty，Black，& Smith，2005）。

图 3.6 显示的是用连环漫画的形式呈现的适合小学生的简单交际故事。在这个故事中，一位学生在走廊里大声说话。老师私下告诉他，如果他停止喧哗，全班同学可以因此多得两分钟的休息时间。这里有一点很重要：老师没有对全班同学说，只要有人讲话就取消他们额外休息的时间，因为这样做会引起不满与反对。另外，如果大家都知道这位同学的安静行为会给全班带来额外的休息时间，他的正确行为会因此提高同伴对他的认可度。

有时候我们在走廊里站成一排。

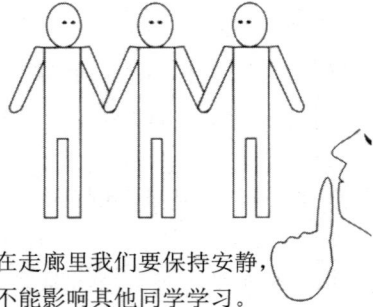

在走廊里我们要保持安静，不能影响其他同学学习。

有时候我想高声喧哗，于是我想也不想就这样做了。

如果我能记住不讲话，我就可以为全班同学赢得额外两分钟的休息时间了。

其他同学对我笑了！他们很高兴我能记得不在走廊里喧哗。

老师要给我们额外的休息时间了！

图3.6   这是一个交际故事的例子，用设计好的连环画人物帮助学生明白在走廊里保持安静的重要性。

案例研究：给一个好斗嘴的学生讲交际故事

杰森的骂人行为

杰森（Jason）是一个二年级的学生，经常骂同学，是普通教育课堂里的捣乱分子。之前，他就已经被确定为行为异常学生。他每天都有一段时间在资源教室接受辅导，而剩下的时间都在二年级教室里正常上课。普通教育老师安森（Anson）先生咨询了学校的心理老师犹特内（Utnay）女士后，决定对杰森实施交际故事干预。

　　由于杰森的大部分不良行为都出现在午餐后，因此安森先生开始简单地统计他每天在那个时段骂人行为出现的次数。杰森每骂一次，他就记录一次，即便那一次杰森用了好几句脏话。五天后，安森先生得出结论，杰森从午餐结束后到乘下午公交车的这段时间里，平均每天骂别的学生 14 次。同时，很显然，他的大部分咒骂都是冲动性的。有些时候，他的骂人引起了更为严重的行为问题，并经常导致同学间的打架斗殴。图 3.7 展示了安森先生获得的一些基准数据（注：本书的数据收集表都与图 3.7 相类似，能为教师提供一种客观的工具，以判断其干预是否有效。具体请参见附录中数据图表的复印材料 [①]。）

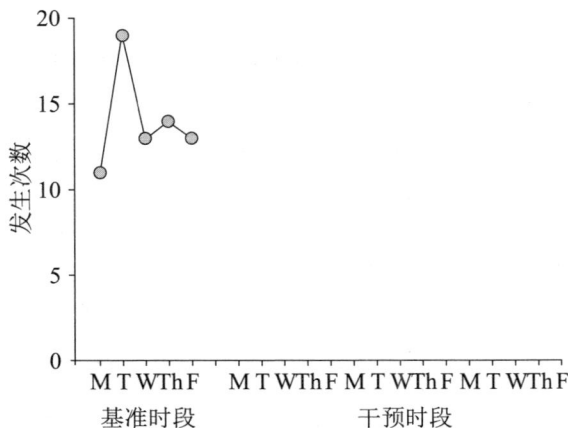

图 3.7　杰森骂人行为的基准数据

本图记录的是杰森在干预前一周内辱骂行为的基准数据。

---

　　① 原文为 *Black-line master of a data chart,* 其中 black-line master 指的是由于书价昂贵，教师只好将某些能合法影印的页面复印给学生，以减少学习成本。——译者注

编纂交际故事

开始干预。基准数据搜集好之后，安森先生和犹特内女士就着手利用交际故事进行干预了。两位老师碰面后，同杰森谈起了他的骂人行为，犹特内女士率先发话。下面的对话取自他们最初的讨论。注意心理学家是如何利用主演连环画主角的想法，引诱杰森上钩参与活动的。

　　犹特内女士：杰森，安森老师和我想同你谈一谈我们的想法。你还记得上周，因为你骂了多美卡（Tomika），结果被叫去校长办公室了吗？你对她大发雷霆，还在科学课上骂了她，还记得吗？

　　杰森：是的，我记得。

　　犹特内女士：这事很无趣，是不是？

　　杰森：校长当时打电话给我妈妈，结果她不准我周六在外面玩了。我很不开心，真的！

　　犹特内女士：是啊，听起来的确挺无趣的。你还记得你为什么要骂多美卡吗？

　　杰森：我想，我只不过很生气罢了。

　　犹特内女士：是啊，你对安森先生也说你无缘无故地发火了，于是就开始骂人。平时，你是否也会无缘无故地发火？

　　杰森：会的，我也不知道为什么，但我就是这样。

　　犹特内女士：嗯，也许我们能帮你。安森老师和我有个想法，也许在你心里恼火时，我们能帮你不去骂别人。你愿意和我们一起试试吗？

　　杰森：怎么做？

　　犹特内女士：我们想画一幅漫画来提醒你不要骂人。你喜欢漫画吗？

　　杰森：当然喜欢。

　　犹特内女士：我告诉你最精彩的那部分。漫画里有一个主角：你！你想做你漫画里的主角吗？

　　杰森：噢！这样的话，我可以给我的朋友们秀一秀了！

犹特内女士：当然可以。你还可以秀给你妈妈看，让她和你一起看这本漫画。另外，我们觉得这本漫画会提醒你在恼火时不去骂别人，然后，你就不会受到惩罚了。

杰森：好的。

犹特内女士：那现在就开始吧！你是主角，所以我们得拍一些照片，然后你得把照片中的故事演一些出来。你会演照片里的故事吗？能不能？

杰森：放心，一定能！这事儿太好玩了。

犹特内女士：会好玩的，不过你要记住，我们这样做是为了帮助你不在班上骂同学，那才是最要紧的，好不好？

杰森：没问题。

准备漫画。已经给杰森解释过了，有些在漫画里要用到的图画还需要他假装一下并表演出来。有时候，图画可以是正常课堂里拍摄的真实照片，但是那些生气或极端行为的照片，我们建议还是由学生在现场演出来比较好。在杰森的干预案例中，我们用图 3.8 所示的句子作为每幅图画的说明。对年龄稍大的学生，每幅图画里的句子可以扩充到 3 ~ 5 个。需要注意的是，我们准备了几个适切行为的建议，用以取代骂人等不良行为。另外需要指出的是，对于杰森的不良行为，我们需要强调其社会后果。

给交际故事里的每句话拍好照片后，杰森把句子和照片一一对应，自主制作自己的漫画。利用这个机会，安森先生同他一起讨论具体的感受和行为。在他们的对话中，安森先生反复强调，我们都会在某个时候感到生气或受伤，但是，我们要避免作出导致受处分的反应，这一点十分重要。由此可见，正是这次干预的准备工作让安森先生有机会同杰森一起讨论他的冲动行为。

根据学生的需要，交际故事还可以包括几个明显的要素。在编制故事时，其中一个关键要素是标题句的总体顺序安排。这些句子从一开始就点明行为问题，也许还有问题背后的情感。除此之外，积极的和消极的行为后果也需

> 交际故事提供了一种途径，让教师和学生可以一起努力控制破坏性行为。

要加以呈现。某些时候，还可以给学生提供可替换的行为选择，如上述例子所示，而在另一些故事中，强调的则是各种自我管理策略（参见后文的例子）。另外要注意的是，这个交际故事（图3.8）非常重视对正确行为的强化（"安森先生会给我一个贴花"）。

1.杰森表现疲劳（头搁在桌上）。	2.杰森对另外一名学生发火。	3.杰森和另一名学生假装打架。
有时候我很累，于是我会无缘无故地发火。	有时候，我累了就会抓狂，会骂人。	我骂别人，他们就会生气，于是我们就打起来了。

4.杰森坐在校长的桌边，或接受其他恰当的惩罚。	5.杰森举手求助。	6.杰森把头埋在桌上。	7.杰森举手，同学们对他微笑的画面。
如果我骂人，我有时会受到惩罚。	我应该向安森先生求助，而不是抓狂或骂人。	发怒时我还可以做另一件事：把头埋在桌上。	当我选择这样做而不是骂人时，安森先生会给我一个贴花，课堂就更好玩儿了。

图 3.8　杰森交际故事的图画建议和说明

以上是杰森交际故事中图画和标题说明的建议，此设计旨在减少其骂人行为。

用交际故事进行干预

交际故事书一出炉，干预就可以开始了。接下来三周的每一天，杰森一吃完午饭回来，安森先生就立刻给他读漫画。这意在提醒杰森，如果他感觉要发火，就应该采取某种替代行为，而不是张口骂人。同时，每天和杰森一起读完故事后，安森先生都鼓励杰森在感觉不高兴时把手举起来，这样一来，他就可以走过去帮助杰森放松。有时候，当看到杰森坐立不安时，安森先生会走到他的桌边，轻声地问他是否需要让大脑休息一会儿。在大多数情况下，杰森都会说要的，然后过一会儿，安森先生再一次单独提醒他抬起头来，重新回到课堂中。使用交际故事的微妙优势，是这个方法能让教师成为目标学生的盟友，为共同努力抑制破坏性行为提供方法。

某些时候，如果时间允许的话，在要求杰森抬头之后，安森先生也会让他走上讲台，悄悄地和他一起看交际故事。这又一次使他有机会告诉杰森，他可以用某个方法控制自己的行为，而不至于受到惩罚。当然，这些讨论同样强调用正向行为替代不良行为。最后，在干预期每天行将结束时，安森先生都会找时间向杰森简单地讲讲他的行为。只要合适，只要有可能，他都会表扬杰森在行为上的进步，并指出因为那天表现良好，他得到了许多贴花。

正如图 3.9 所示，在三周的干预时间内，杰森的骂人行为明显减少。尽管这种行为并没有彻底改掉，但通过干预，已经减少至可控水平。对许多存在严重行为问题的学生而言，减少不良行为的数量，而不是彻底根除，应该是一个更加现实的目标，而且在普通教育的教学中，这样做的确能显著改善环境。

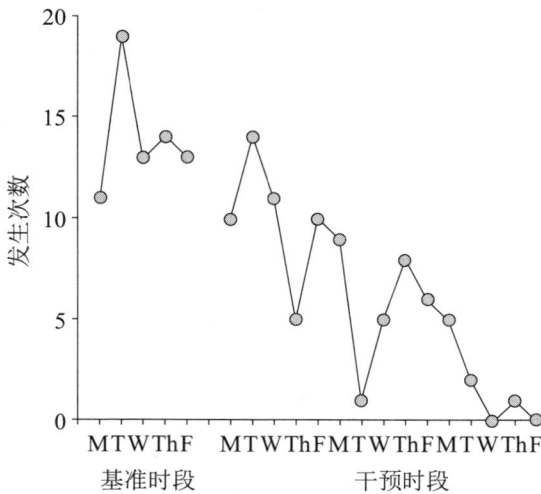

图 3.9　杰森骂人行为的基准及干预数据

该图显示的是杰森在三周干预期间的骂人行为记录。尽管他的骂人行为并没有消除，但次数明显在减少。

针对易怒学生的交际故事

哈格蒂、布莱克、史密斯（Haggerty，Black，& Smith，2005）在其报告中讲述了一个用交际故事进行干预的事例，该干预的主要任务是给一个有学习障碍的六岁孩子减压降怒。孩子名叫柯克（Kirk），是一个多民族血统的学生，有阅读障碍及其他几项行为问题。在各种 IQ 测试中，他的得分都处在平均值域，但他易怒、不专心、不善交际，并且非常易焦虑。

在对柯克实施交际故事干预策略的过程中，老师们决定将重点放在降怒上，为此，他们采用了自我陈述干预法。这样，该交际故事事实上呈现的是对愤怒的自我管理。当柯克感到要生气或者有压力时，老师们让他吐口气说："走开，坏习惯！"然后再吸口气说："进来吧，好习惯！"虽然这只是一种放松的形式，但它能有效克制交际中的不良行为并减压降怒。柯克的交际故事总共包括八个图片说明，鉴于他的阅读水平，这些图片说明一般只包括几个句子（详见图3.10），每个句子都配有图画，其中的内容都是柯克根据描述所做的各种动作。

在图画的说明中，我们可以看到，柯克有两种不同的方法来管理他的冲动行为（"坏心情走开，好心情进来"和"数到十"，以此保持冷静）。而且，在冷静的过程中，他不是单纯地数数字，而是数比萨，因为插入单词"比萨"可以增加自然的节奏（见图 3.10 中的说明 4，5 及 6）。

除了提供方法进行放松之外，这则交际故事还强调在交往中克制个人愤怒所带来的好处（见图 3.10 中的说明 6，7 及 8）。这个方法（也许还包括同一个故事的其他版本）能用在那些易怒的、爱挑衅的学生身上。老师们不是一直在苦苦寻找新办法来对付那些令人头痛的孩子吗？现在，不妨考虑使用交际故事干预法吧，你一定能搞定他们的！

1. 柯克愤怒的画面。	2. 柯克吸气的画面。	3. 柯克呼气的画面。	4. 四块比萨，编号从1到4。
嗨！我是柯克。我有时候会发火。我一发火，就觉得紧张。我就这样子。现在，我不想再发火了，所以我在学习如何让自己平静下来。	当我感到紧张时，我会深吸一口气让自己平静下来。我会说："进来吧，好心情！"这样做真的很好。我喜欢这样做。我的老师和同学也喜欢这样做。	接下来我深呼一口气，说："走开，怒气！"我就这样把怒气给赶跑了。这很有趣。我喜欢这样做。这样做了三次后，我就没那么紧张了。	接着我数10块比萨。1块比萨，2块比萨，3块比萨，4块比萨。太好玩了！现在我感觉好多了。

5. 五块比萨，编号从5到9。	6. 柯克笑着并举起十指的画面。	7. 柯克面带笑容的画面。	8. 柯克和老师坐着，面带微笑；老师搂着柯克的画面。
还有，5块比萨，6块比萨，7块比萨，8块比萨，9块比萨。哇，我感觉好极了！	10块比萨。是的，我做到了！我好开心，我的老师和朋友们也很开心。我喜欢这种感觉。我喜欢平静。	我很高兴，我学会了停止发怒。现在，我感觉很平静。我很开心。我喜欢照顾好自己。我的老师和朋友们也喜欢这样。	我的老师为我感到骄傲。她说，我成功地阻止了怒气。她告诉朋友们，我做得很棒。我好喜欢我的新本领。

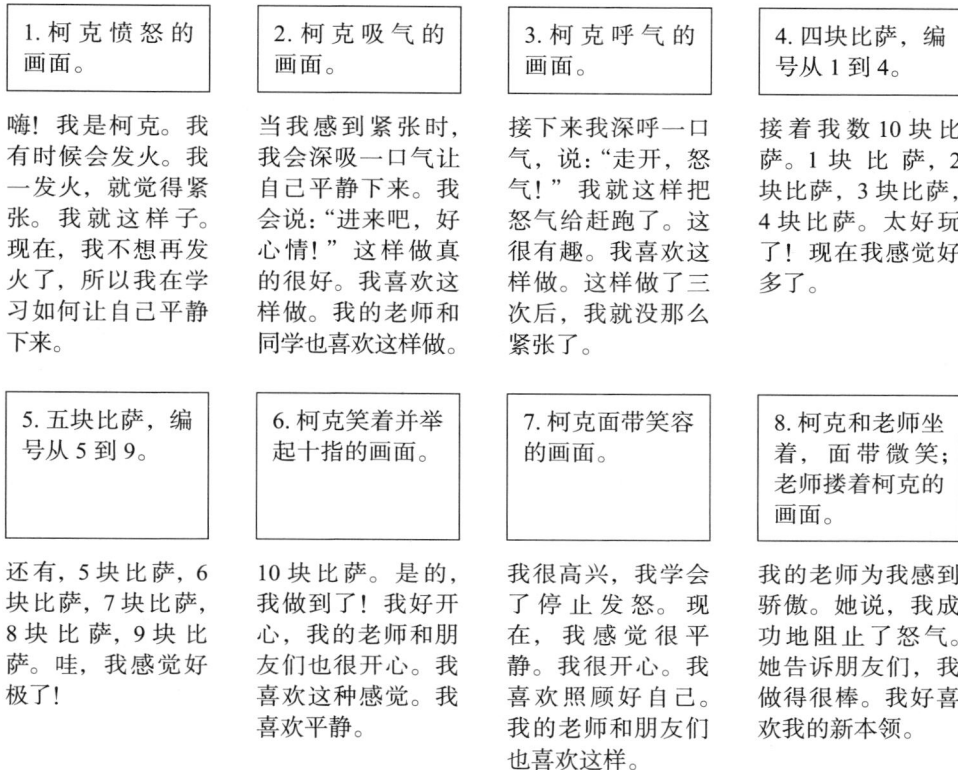

图 3.10　柯克交际故事的画面建议和说明

用来给柯克减压降怒的交际故事的画面和说明建议。

交际故事设计原则

教师在设计交际故事干预时，还需要考虑以下几点（Agosta, Graetz, Mastropieri, & Scruggs, 2004; Jaime & Knowlton, 2007）：

· **用第三人称编写**。用第一人称编写交际故事，容易使一些面子薄的学生觉得是在说自己。因此，针对那些学生，研究者建议用第三人称编写故事。

· **用现在时编写**。这样做会让问题和解决方案显得更加贴近学生。

· **强调积极意义**。一般来说，交际故事中的文字说明需要强调学生应该做什么，而不是不该做什么。

· **保持尊重**。文字说明中所使用的语言要尊重全体学生，尤其要尊重那些有行为问题的学生。一定要区分学生与不良行为之间的区别。写作交际故事是为了让学生体会到，他们能够控制自己的行为。

交际故事的成效

交际故事干预已经在不同类型的学生身上获得了成功，这些学生都带有各种不良行为。而研究也屡次显示，这种干预能取得实际的效果。这些研究大多以患孤独症学生为研究对象，不过，对患有阿斯伯格综合征（自闭症的一种）的学生（Rogers & Myles，2001）或者患有难语症和有对立行为的学生，研究者也同样采用了这种方法（Haggerty，Black，& Smith，2005）。此外，该研究还证明，无论是小学生还是中学生，交际故事干预都能对他们产生效果。

在前面提到的交际故事干预事例中，要注意对师生关系的持续关注。对大多数学生而言，这种关系为干预奠定了有力的基础。即便是那些口头和行为上都显得满不在乎的学生，事实上也很在意这种关系。把这种关系当诱饵，能让被干预的学生控制好自己的行为问题，这样做，既对他们有益又富有成效（Stipek，2006）。

干预的次序需要慎重。年龄稍大的学生具有更多的轻度障碍，如学习障碍或轻度行为问题，他们往往觉得连环画治疗法过于幼稚，不愿意参与其中。而其他各年龄段的学生则很喜欢为他们定制的交际故事书。因此，教师在采取该方法之前，需要判断学生的身心发展状况以及他们对参与干预的兴趣。

互联网上有一些交际故事的资源，如格瑞社交学习与理解中心（Gray Center for Social Learning and Understanding）等。

本章小结

大脑如何发育，如何架构，如何处理外界信息，这些都在很大程度上影响着一个人的社交行为。一般来说，个体对环境的各种情绪反应都是正常的，他们的过激行为会为大脑执行控制系统所控制。但是，如果大脑接收到要使其主体生存下去的强烈的遗传指令，即便它尚未发育良好，有时也会把那些无危害的社交情景理解成一种危险，并作出不合适的过激反应。如果这样的不良行为并没有或者很少引起后果，那么，大脑可能会持续这样做。针对这种情况，教师可以采取一些交际故事之类的干预，以有效缓解学生在交往中的不良行为。

第四章
应对破坏课堂的学生 ①

凯·柏克

焦点策略

起　因

1.老师警告丹（Dan）将杂志拿开。

2.丹继续看杂志。

3.老师没收杂志。

4.丹从她那儿抢回杂志。

丹咒骂老师。

冷处理

1.老师后退。

2.丹站起来。

3.老师让丹到外面大厅去。

4.老师私下与丹谈话。

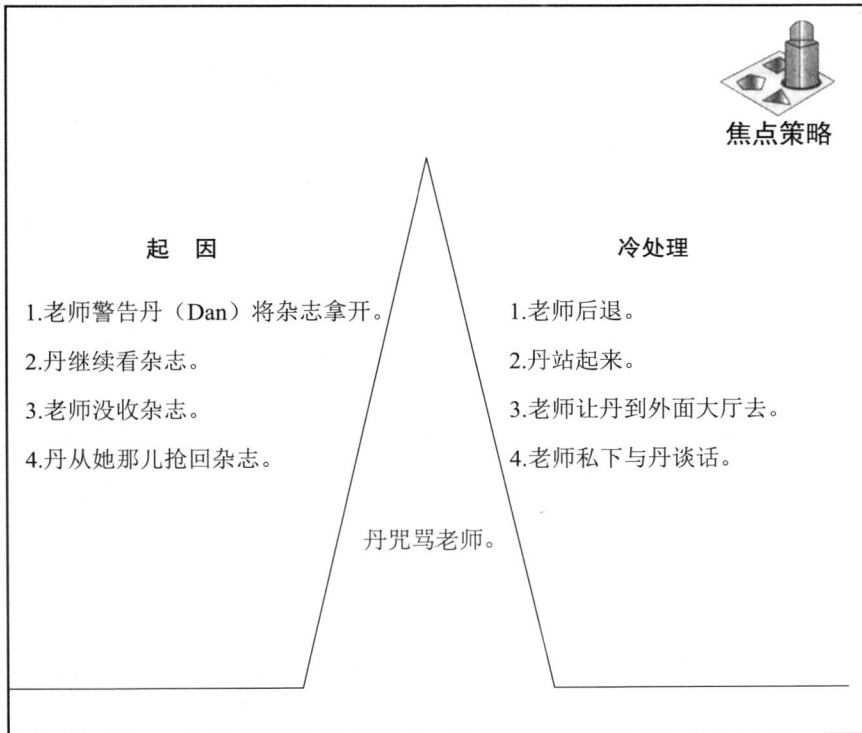

图 4.0　权力较量爆发的各个阶段

---

① 选自凯·柏克所著的《这些孩子该怎么办……：在课堂内培养合作、自律和责任心》（*What to Do With the Kid Who …: Developing Cooperation, Self-Discipline, and Responsibility in the Classroom*）（第三版），科文书社，2008 年。

应对行为问题

> 学生表现出行为不当，是因为他们错误地以为这样做能得到他们想要的认可与接受（Dreilkers, Grunwald, & Pepper 转引自 Vaughn, Bos, & Schumm, 2000, p.81）。

行为问题使得学生在课堂上惹是生非，他们的行为可能是针对同学的，也可能是针对老师的，具体包括在老师讲话或其他同学发言时说话、骂人、打架、争吵、扔东西，或者从座位上站起来。其中的任何行为都足以破坏课堂，不过，对于有预见性的老师来说，其中大部分行为还是可以控制住的。

柯温和门德勒（Curwin & Mendler, 1988）提出了 80-15-5 模型，他们判断，在大多数班级中，有 80% 的学生从不或很少违反课堂纪律，间隙性违法纪律的学生约占 15%，至于剩下的 5% 的学生，则是违反纪律的常客。沃尔什（Walsh）（转引自 Levin & Nolan, 1996）在其报告中指出，有些教师花了 30% 到 80% 的时间处理课堂纪律问题。很显然，要想成为 21 世纪成功的教师，你就必须有能力让你的学生将学习时间最大化利用。随着对高风险标准化考试、标准、责任的不断关注，教师必须增加任务时间（time-on-task），为学生达到严格的学业目标而作好准备。

大多数孩子缺乏解决冲突的能力。在德罗什和威廉姆斯（DeRoche & Williams, 2001）看来，这一能力包括沟通技能（倾听及语言/非语言表达信息的能力）、问题解决技能（确立问题、头脑风暴、寻找双赢解决办法）以及合作技能（协作完成任务）等。他们认为：

> 应该通过各种情境将这些解决冲突的技能教给学生，并让他们在真实语境下练习和使用这些技能。学生们需要经常性的、有指导的技能训练，这样，当冲突发生时，他们才能够很轻松地运用这些技能去解决。（p. 30）

由于许多学生缺乏解决冲突的能力，因此，他们有时候不得不诉诸他们所知道的少数方法，通常，这些方法就含有不当行为。

涟漪效应

教师不仅要考虑对付学生的破坏行为，还要关注"涟漪效应"（Kounin 转引自 Levin & Nolan，1996）。涟漪效应源自最初的不良行为，也源自教师用以阻止不良行为的方法，以及目标学生的结果行为（resultant behavior）。

> 研究显示，教师粗暴而具有威胁性的行为会引起学生的焦灼，并导致旁观学生出现更多的破坏行为。不过，当看到不遵守纪律的同学公然对抗老师时，那些看到过老师让班里的捣蛋鬼服服帖帖的学生，会对老师有着比较公正的评价，并且自己的功课也会较少受到影响（Smith 转引自 Levin & Nolan，p.29）。

教师哪怕是处理一个细小的破坏行为，都要考虑其中错综复杂的变数。

高危学生

教师经常用"高危"这个词来描述学生中某个特殊的群体，他们制作了高危学生的档案，其中的材料有助于对学生的自我概念、行为和教育需求进行预测。巴尔和帕里特（Barr & Parrett，2003）认为，这类档案通常描述的是：

> 家境贫困、处于社会经济底层的学生，由单亲父母或单亲祖父母或养父母抚养。这些学生在来校读书之前，通过求助社会机构，或申请免费午餐计划，就已经确立了自己的身份。在学校招收的学生当中，他们往往占有比较大的比重。（p. 39）

贫　困

教师需要更多地了解这些学生对自己的行为和学业有着怎样的期望值。他们可能会在交往或学业方面取得成功，但为此他们需要更多的帮助。

佩恩（Payne，转引自 Tileston，2004）认为贫困不能仅仅被定义为钱。她认为，贫困是个体生存缺乏资源的一种表现。她对资源的界定如下：

- 经济上的——购买物品的钱
- 情感上的——对环境作出恰当反应的能力，并在这方面具有行为上的榜样
- 智力上的——日常生活所需的心智能力
- 精神上的——相信神圣目标与神性指引
- 身体上的——健康的身体
- 支持体系——需要时，有朋友、家人和后援的支持
- 行为榜样——经常有成年的、适合的行为榜样
- 对潜规则的了解（p.71）

此外，家境贫困的孩子面临挂科、退学和暴力倾向的风险更大。

根据《不让一个孩子掉队法案》（*No child Left Behind Act*），由于在学业上要达到高标准，这些危险学生的压力增大，他们的行为问题也随之增加。经济政策研究所副研究员罗斯坦（Rothstein）就为各群体中的学生在贫困、住所不达标、卫生保健不合格的条件下仍然必须达到学业上的高要求而表示担忧。在其 2004 年所著的《课堂与学校》（*Class and Schools*）中，他指出："无论教师受过多好的培训，无论他们的教学计划和环境设计有多好，社会之阶级特征都可能会对学生的行为造成很大的影响，以至于任何学校都无力克服这个问题。"

给学生贴上标签会惹来很多麻烦，因为危险情况往往并不明朗，能使一个学生成为高危人员的因素，未必会以同样的方式影响其他学生。肖特、肖特和布兰顿（Short, P. M., Short, R. J., & Blanton，1994）研究的是在校内活动中表现较差的学生是如何被描述成危险学生的。他们所描述的危险学生的特征，包括没有掌握基本技能、曾被留下过、考试分数低于年级水平、出勤记录差、有停课记录、有资格申请免费午餐以及有频繁转学历史等。另外，危险学生都可能经历过虐童或照看不良、滥用药品，体验过种族、文化或性别的偏见，或者来自四分五裂的

家庭。"相当比例的学龄儿童，他们的特征是（或者将是）贫穷、文化多元 / 非主流，并且来自非传统家庭，而这些特征的形成是与学校和社会教育的失败密切相关的。"（p.75）

尽管危险学生的大部分特征是后天形成的，但它们仍对学生的成长和在校表现产生了深远的影响。除此之外，危险学生还常常表现出一些特征，使他们有别于其他同伴。这种差异能引起巨大的社交压力，从而导致他们不能融入班级的社会结构，并在学校里反复出现纪律问题（Short et al., 1994）。

教师必须弄清楚许多学生每天带到学校来的"包袱"。他们要尽可能始终如一地、公正地对所有学生抱以高期望值，同时加强对教学过程、教学常规以及教学效果的管理。他们还必须弄清楚学生的处境以及他们持有的"公正并不表示始终平等"这一人生哲学。另外，如果可能的话，在对待每一个学生时，必须考虑周全、态度诚恳、富有弹性。"教育基金会"负责人卡蒂·海科克（Kati Haycock）认为，如果能提供丰富的课程和高质量的教学，有技巧的、有经验的教师就能成功地教好弱势学生，并使他们走向成功。"纵观国内的研究和实践，毫无疑问，专家型教师是解决问题的核心所在。"（Haycock 转引自 Holland，2007，p.57）

确定前兆

发生在问题行为之前的事件或状态被称为前兆（antecedents）（Kauffman, Hallahan, Mostert, Trent, & Nuttycombe, 1993）。教师可对前兆进行录音或记录，以描述问题行为主要在何时、何地以及何种情况下发生。

比如说，如果吉米一到大考前就表现得粗鲁、易受伤害，教师就可以私下和他谈谈，找出其中的原因。也许是他看不懂说明，或者他觉得复习得还不够充分；也许在有限的时间内他做不完题目，希望时间能再多一点；也许他对多项选择这种题型不知所措，在执行操作性任务时却能得心应手，因为那种题目能展示他的真才实学，而不是靠猜题得分。

有效的教师会寻找规律，以确定哪些事件、时段或活动会引起学生发作。

比如，在给学生分组的时候，往往会一片混乱。假设凯西（Kathy）因为前男友问题而讨厌詹妮（Jenny），她就会闹着不要和詹妮分在一起。当然，教师无法预料每一个潜在的问题，但是，如果他是一位有预见性的老师，他会把这些隐患问题化解掉，而不会由着它们演变为大的骚乱。

强制性互动

考夫曼等（Kauffman et al., 1993）等讨论过一些典型的情形，在这些情形中，学生很讨厌教师的期望和要求，并感到很不愉快。反过来，教师也对学生的不听话深感头痛，于是，他再一次对要求进行说明，并附带上威胁性的或惩罚性的手段以作为"激励机制"。这样一来，学生在同伴面前感到被挑战了，于是变得更吵闹、反应更过激、更易受到伤害，当然，教师也只能用更严厉的惩罚手段来对付他。这种强制性的互动一直持续到教师"获胜"、学生败北。但是，学生的退让有时只是暂时的，他会对教师当众对他的"修理"进行报复。另一种情形是教师退让，不再继续威胁学生。在这种情形下，学生获胜。但教师有时候会因为在课堂上丢面子而在余下的日子里给学生"穿小鞋"。最好的情形是双赢的结果，即双方都妥协，既保全了面子，又在私底下针对问题的起因找到可能的解决办法。

图 4.1 呈现的是一次典型的强制性课堂互动。有经验的教师能避免这样的互动，并能分清什么时候学生在引诱他们注意，或者让他们卷入到权力争斗中去。

> ·老师要求学生完成一页数学题。
>
> ·学生说："什么狗屁东西，我不会做！"
>
> ·老师说："不，你会做的，昨天我们刚做过类似的题目。现在马上开始做。"
>
> ·学生随手把书合上，说："就不做！"
>
> ·老师走到学生桌边，打开书本，拿起笔，生气地说："现在就开始做！"
>
> ·学生把书从桌上推开。

- 老师抓住学生的肩膀，咆哮道："把书捡起来，年轻人！"
- 学生跳起来，说："把你的手拿开，小——！你要捡就捡，凭什么要我捡啊？"
- 老师大声喊道："好，就这样吧，我受够了！把书捡起来，要么马上做题目，要么滚到我办公室去！"

图 4.1　强制性互动

选自经由考夫曼等（1993）许可重印的《管理课堂行为：一种基于案例的反思模式》（*Managing classroom behavior: A reflective case-based approach*），p. 31。尼德姆海茨市，马萨诸塞州（Needham Heights, MA）：艾琳与培根出版公司（Allyn & Bacon）。

寻求关注的学生

情　节

格伦（Glenn）从座位上站起来，慢慢地走到过道，捡起卷笔刀，开始削一支长铅笔。削好之后，又一次次地把铅笔放进卷笔刀，直到只剩下铅笔头。

"坐下！"马丁内斯（Martinez）夫人大声说，"我们要开始上课了，你不该离开座位的。"

"我只是在削铅笔。"格伦大声对全班说，"这有错吗？对不起，我就是这样的！"

马丁内斯夫人走到格伦身边，悄悄地在他耳边说："格伦，全班各小组正在做一个美术项目，你们组真的很需要你帮忙。"

格伦勉强回到小组里，可紧接着，他用一支红色粉笔在玛丽（Mary）的黑毛衣背后画了一个笑脸。

> "你这个小笨蛋！"玛丽尖叫道，"什么时候才能长大啊？"
>
> 格伦大笑，朝教室四周看看，发现全班同学和马丁内斯夫人正盯着他呢！
>
> 马丁内斯夫人走过去，拍拍格伦的肩膀，和他一起走进大厅。

解决问题

有不良行为的学生经常寻求额外的关注。阿尔伯特（Albert，1989）就指出，所有人都需要一定的关注，从而感到自己是从属于社会群体的，或者是这一群体重要的一部分。"相比之下，那些通过不良行为来寻求关注的学生，从未满足于正常的关注量。他们需要再多一点，再多一点的关注，就好像他们背着一个桶，桶上贴着'关注'标签，期待着老师能把它灌满。"（p.26）

寻求关注的学生都寻求独立，但他们会在很多时候对人抱怨说，他们无法控制生活中发生的事情。"他们把自己当作环境的牺牲品，于是让成年人整天忙于应付他们，以此得到关注。"（Dinkmeyer，McKay，& Dinkmeyer，1980，p.252）。

许多寻求关注的学生都比较容易气馁，他们可能会变得烦躁、不明智，或者采取一些不成熟的举动以引起别人注意，比如说把书从桌上推开，或者试图绊倒某人等。这些人仿佛是舞台上的表演者，他们需要观众。没错，他们的确被人注意到了，但他们中的许多人最终遭到了同伴和老师的拒绝，因为他们总是以自我为中心。这些学生还认为，他们的成功就在舞台上，即便他们事实上已经侵犯了其他同学的尊严和权利，让其他同学感觉被攻击或被侵犯并最终形成了对抗（Dinkmeyer & Losoncy，1980）。在低年级，寻求关注的学生的不良行为常常针对教师，但随着他们进入高年级，他们喜欢更加广泛的观众，包括同班同学、指导教师、学校行政人员，有时候甚至还包括整个校区的人（Albert，1989）。

适当的关注

学生之所以会寻求关注，要么是因为他们在家里受到的关注度不够，要么是因为他们不知道如何以恰当的方式得到关注。对教师而言，最大的挑战是当学生出现不良行为时，要在尽量少给他们关注的前提下改变他们的行为。贝兰卡和佛格迪（Bellanca & Fogarty，2003）建议我们采取以下几种策略：

- 突出行为得体的其他学生。
- 给学生一件差事让他去跑腿，使他不被聚焦。
- 用问题分散学生的注意力。
- 学生一旦投入学习，就给予他积极的关注。

通过鼓励寻求关注的学生成功完成个人的或小组的任务，以及对他们的完成情况进行关注与鼓励，师生能强化得体的行为。这样做的目的，是让这些学生努力得到积极的关注，而不是纯粹为了满足自己的需求而让同伴和教师给予他们消极的关注。

想要阻止学生寻求关注，其中的一个方法就是确定他们的不良行为的目的。鉴于此，教师应帮助学生分析他们的行为。新闻模型（Newspaper Model，见图4.2）能让学生对自己的行为进行分析，并反省其中的前因后果。图4.3是一个新闻模型的样板，教师可以在课堂管理中使用它。在整个过程中，教师应同学生一起填好表格，讨论并反思。

教师必须记住，学生越是在家里得不到关注，他们越是会寻求关注。如果班级或学校规模过大，很多学生就会在人群中产生失落感。因此，一些较大的小学已经在采用"校中校"的结构，或者组织新生学术委员会，以提供较为小型的学习团体，使学生感到自己与同伴和老师的联系更加紧密。如果学生每天为了得到关注而不得不与人争夺，他们就会用一些破坏性的甚至是违法的行为去获取家长、老师、同学甚至是媒体的关注。

要求学生描述问题，写下涉及谁，发生了什么，问题是何时何地发生的以及为什么会发生。寻求关注的学生要写一段具体的情形描述，其他相关同学作进一步补充。

焦点策略

姓名：　格伦　　　　　　　　　　　　日期：　2月3日

问题：　我削铅笔找麻烦，还在玛丽的毛衣上画画。

何人	何事	何时	何地	为何
（我）格伦	削铅笔引起混乱，在玛丽毛衣上画画。	2月3日，星期二，第五节课	橡树校区马丁内斯夫人的美术课	因为老师和玛丽对我乱喊乱叫，所以我很生气。

写一段文字，描述你对所发生事情的看法。

因为约翰（John）和玛丽认为他们比我好，所以我很生气。我们在同一组时，他们从不采用我的想法。他们总是骂我、排挤我。我去削铅笔就是为了离开这个组。我有麻烦时，玛丽就笑话我，我很生气。我要让全班看看，谁能笑到最后。

签名：格伦

请小组其他成员写一段文字描述当时的情形。

因为格伦总是愚弄大家而不是帮忙，所以我叫他小丑。我知道我不应该骂他，可是和他在一起真的没意思。马丁内斯夫人吼他时，我笑话他了，因为我之前就已经告诉他别这样做了。我对他很生气。

签名：玛丽

图 4.2　新闻模型

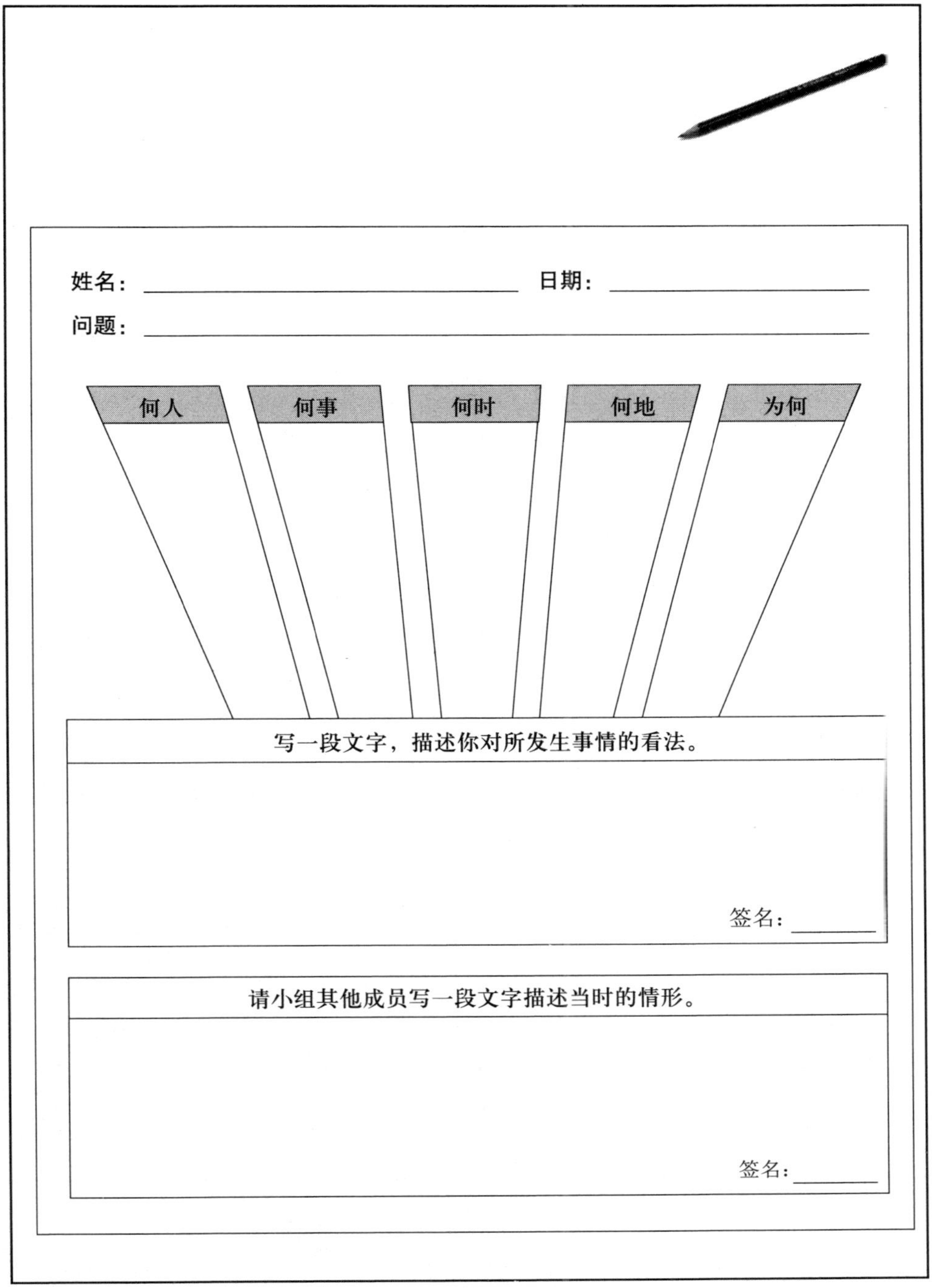

姓名：_____　日期：_____

问题：_____

| 何人 | 何事 | 何时 | 何地 | 为何 |

写一段文字，描述你对所发生事情的看法。

签名：_____

请小组其他成员写一段文字描述当时的情形。

签名：_____

图 4.3　新闻模型样板

教师可用于寻求关注的学生身上的其他策略

- 帮助学生找到闪光点，比如说某个兴趣点或特长，使之能因此得到正面的关注。

- 替学生找一个学习伙伴。有时候，因为没有朋友，有些学生会闹点事情出来。

- 让学生短时间内离开一会儿。他可以去哪个房间的角落冷静一下，或者把他的感受写下来。

- 用新闻模型进行分析，了解事件发生的时间、地点、原因。记得要回顾那些细节和情境。如果一涉及某些人或某些情境就有事情发生，那么就尽量避免把学生置于那些情境当中。

- 学生表现好的时候，要给予鼓励。

- 学生如果举手，要迅速回应，积极关注，给予答复或让他回答问题。

- 要给予学生适度的关注，允许他去媒体中心，领读"效忠誓言"（Pledge of Allegiance），或网上冲浪。要注意定期让其他学生也享有这些权利，以避免不满情绪。

- 准备一个秘密的手势，当他做其他事情以寻求关注时，用这一手势提醒他。

添加一些你自己的解决方法，用以帮助寻求关注的学生：

_____

_____

_____

_____

_____

有权力欲望的学生

情　节

> 布拉德利（Bradley）夫人把英语试卷发回给学生，问大家是否有问题。
>
> "这太没劲了！"布莱恩（Brian）大声叫道，"你不能因为拼写错误而扣我们的分，当初你可是不准我们用字典的呀！"
>
> "你应该知道怎么拼写这些单词。每个错误扣五分。"
>
> "你不能这样做！"布莱恩嚷着，身子扑向桌子前，"你考的是小故事，我们把情节描述一下就行了。单词拼错几个，谁在意？你都弄不清楚到底要考什么。我们做的不是拼写检查！"
>
> "很抱歉，年轻人，"布拉德利夫人的脸气得通红，狠狠地说，"这是我的课堂，给不给分，由我说了算！"
>
> "烂人一个。"布莱恩嘟囔道，"我要去见辅导员，转到布朗（Brown）夫人的英语班去。"
>
> "我不会同意的。"布拉德利夫人与他针锋相对。
>
> "不需要你的同意——我这就走。"布莱恩抓起背包，踢了一下桌子，冲出教室。
>
> 其他同学盯着布拉德利夫人，一声不吭。

解决问题

"我相信对权力的需求是问题的核心——绝对的核心——几乎是所有在学校发生的问题的核心。"（Glasser 转引自 Gough，1987，p.658）。

寻求独立的学生有时会陷入与成年人的权力冲突之中，因为他们不想按照成年人的要求去做事。柯温和门德勒（1988）就提醒过教师不要陷入到权力的困境中去：

> 使自己避免权力之争，哪怕它最初仅仅意味着退让。记住，无休止的权力之争会让你显得很愚蠢，并且会失去控制力。一定要明白，放长线钓大鱼，才会赢得最终的胜利（合作的、积极的课堂环境）。（p.105）

格拉瑟（Glasser，1986）发现，因为没人倾听，学生，即便是优秀的学生，并不觉得自己在学校受到重视。此外，成绩差、被认为有纪律问题的学生，往往在学习方面感觉不到自己受重视。因此他断言，如果学生在学校有更多的自由和乐趣，他们的学习就会更努力。门德勒（1997）则认为："据估计，有70%到80%的学生在学校产生的问题行为，从根本上讲，都是由那些外界因素导致的，譬如有缺陷的家庭、文化暴力、毒品和酗酒的影响，以及支离破碎的社区。"（p.4）即便如此，教师仍然不能放弃他们在课堂上管教学生行为的责任，他们必须努力将所有的学生都教好。

许多时候，学校里的权力基础是向教师倾斜的。教师有权力威胁学生，并且可以通过扣分、规定休息时间、放学后留下、给父母留便条、停课、把学生赶出教室以及撒手锏——考试不及格等方法，来将这种威胁具体化。不过，在格拉瑟（1986）看来，尽管教师拥有这些权力，仍然有一半的学生不肯学习，因为他们不认为教师能够掌控他们的生活。他们之所以垂头丧气，是因为他们几乎不知道自己学了什么、什么时候学的以及如何学的。学生一旦泄气，就会失去耐心，只能坐等教师和学校对他们评头论足。有权力欲望的学生会因此乱发脾气、出言不逊，他们表面安静、心中不服，以此发泄自己的挫败情绪（Albert，1989）。

越来越多的学校认识到，要给予学生恰当的权力，允许他们参与制定课堂规则，并在学习内容和评价方式上给予他们一定的选择权。

> 学生在等待的时候，同样需要学会寻找有效的行为，但是相比成年人，他们对自己生活的决定权太少，也不大相信学校会让他们变得更好。如果

我们重新设置学校，使之更加令人满意，相信在遭遇挫折时，更多的学生会变得有耐心起来。（Glasser，1986，p.55）

教师可以用图 4.4 中的方法来避免被卷入权力之争。

- 不要上钩。老师不应该落入权力困境，尤其是在全班同学面前。
- 避免和弱化直接冲突。
- 私底下倾听问题。
- 认识到学生的感受。
- 私底下承认权力之争。
- 不要公开让学生尴尬。
- 学生做作业时，给他们选择的机会。
- 让有权力欲望的学生担任领导角色。
- 鼓励独立思考——但不能陷入混乱！

图 4.4 应对有权力欲望的学生的方法

选自詹姆斯·贝兰卡和罗宾·佛格迪所著的《合作性课堂的蓝图》（*Blueprints for Achievement in the Cooperative Classroom*），科文书社，2003 年。

有权力欲望的学生常常试图控制整个班级和整个小组。如果他们控制不了班级、教师或学校，他们就会把自己的合作小组当成是个人权力的基地。因此，教师应该监控分配给小组各成员的角色，确保有权力欲望的学生只是完成自己的任务，而不是试图去控制整个小组。

同时，教师在给各小组布置任务时，应对每个成员的具体角色以及这些角色所承担的责任进行分析，并告诉学生，小组的角色是轮换的，每个人都有机会成为组长。如果在组织小组任务时，能给学生以充分的选择性、创造力和自由度，有权力欲望的学生就会感到满意，因为他们的的确确能在一定程度上决定自己的生活。这样，他们就有希望培养积极的领袖品质，而不是消极的独裁特征。图 4.5 呈现的是权力之争的各个阶段。

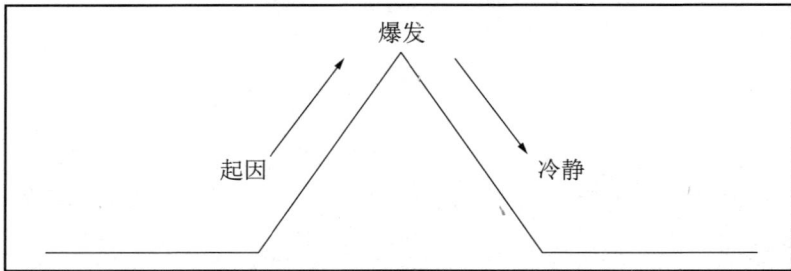

图 4.5

在卷入和学生之间的权力之争时，教师最难做到的行为是自控。琼斯和琼斯（Jones, V. F. & Jones, L. S.，2001）警告教师要提防自身的弱点，做到"比鳟鱼还聪明"。"狡猾的鳟鱼从来不会上诱饵的当，我们也一样，千万不能中了学生的圈套。他们做一些不合时宜的评价，无非是想获得控制权，或者得到负面的关注。"（p.309）

对于学生的不安、生气或挫败、沮丧、焦虑等情绪，教师必须具有预见性的觉察意识。如果教师能最大限度地运用"明察秋毫"（with-it-ness）策略，他们就能够选择最合适的方法，有目的地减少那些不良行为。

图 4.6 显示，前文"情节"中的教师和学生是如何使用权力之争的各个阶段（Phases of a Power Struggle）来分析各自的不同行为，以避免权力冲突的。图 4.7 是一张权力之争各阶段的样板图，教师可将之用于自己的学生身上。鲍勃·韦德曼（Bob Wiedmann）设计的组织图和策略揭示了权力冲突过程问题升级的缘由、冲突的爆发及行为的冷静等各个阶段。该组织图可以帮助师生双方分析那些引起小摩擦、小插曲的"热点"和"关键言行"，而正是这些小摩擦、小插曲，最终升级为全面的权力冲突，并使得师生双方两败俱伤。

有权力欲望的学生经常在老师面前逞强，证明自己有能力控制诸如迟到、未完成作业、吵闹、嚼口香糖、低声嘟囔等行为。阿尔伯特（1989）提醒教师：

通常，有权力欲望的学生要确保观众在场时才会发作。我们担心，一旦我们在公开的冲突中败北，那么，直到放暑假，整个班级都会给我们贴若师生之间存在争端，可填写以下表格，找一找双方为何会引起争端，同时想一想，日后为避免或者解决此类问题，双方应当怎么做。

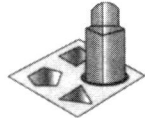

焦点策略

爆发

起因

1.布拉德利夫人对学生拼写出错之处进行扣分。

2.布莱恩辱骂布拉德利夫人。

3.布拉德利夫人对布莱恩大声吼叫。

布莱恩顶撞布拉德利夫人，并气呼呼地走出教室。

冷静

1.布拉德利夫人平静下来，继续上课。

2.布莱恩去见他的指导老师。

3.指导老师安排同他们两个见面。

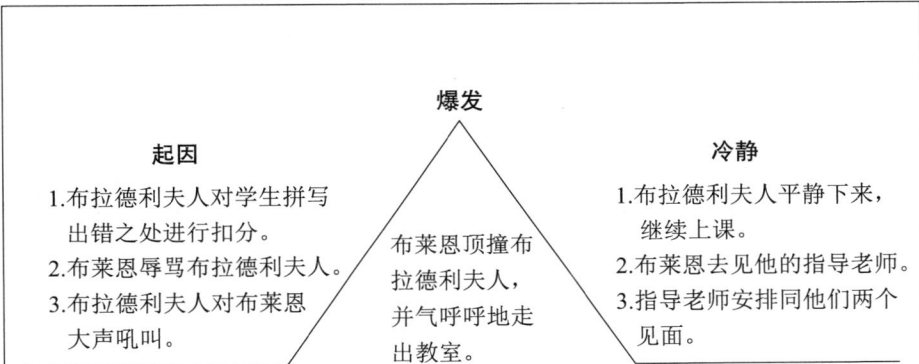

为防止问题的发生，教师本来可以这么做：

我应该在考试前就告诉学生评分标准的。布莱恩气急败坏时，我应该把他带到大厅里去。

为防止问题的发生，学生本来可以这么做：

我应该要求在课后同拉德利夫人谈一谈。在课堂上我不该发脾气。

问题的解决方案：

不管布拉德利夫人还是布莱恩都应该在全班同学面前表态。布拉德利夫人应承诺，以后每次考试前都向同学公布评分的程序。布莱恩则应当为他的语言和行为进行道歉。由于他违反了校纪，他必须接受两次放学后留下的惩罚。两人以后若有意见不合，都应在私底下解决，不能面对全班同学发作。

教师：__布拉德利夫人__   学生：__布莱恩__   日期：__10月4日__

图4.6　权力之争的各个阶段

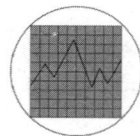

爆发

起因

1. _____
2. _____
3. _____

冷静

1. _____
2. _____
3. _____

为防止问题的发生，教师本来可以这么做：

为防止问题的发生，学生本来可以这么做：

问题的解决方案：

教师：_____　　学生：_____　　日期：_____

图 4.7　权力之争的各个阶段（样板）

上"失败者"的标签。在全班同学面前，我们不得不承受压力，应对这种难缠而又岌岌可危的局面，这极大地增添了我们的不安。（p. 44）

市区教学

韦纳（Weiner，1999）认为，进入市区学校的年轻教师，如果没有住在学校所属的社区，会对课堂管理更加焦虑。许多孩子因为住在充满暴力的贫困社区，形成了"防御状态"和攻击性行为的生存机制。如果市区的学校不能充分保护学生及其财产安全，学生就会无视课堂要求，因为他们觉得自己很弱势。他们可能还会拒绝学校的行为规范，理由是他们不认为这些规范能充分保护他们。"孩子们经常违反学校的行为规则，他们宁可牺牲自己的学业成绩，也要保护自己及其财产，因为他们不相信校方会给他们提供足够的保护。"（Weiner，p.68）

教师需要保证教室有序而安全，同时也要保证学生的财产是安全的。只有环境安全了，学生才会更乐意遵守规章制度，而不必通过卷入权力之争来显示他们的自尊以及保障他们的安全。

有些学生适应能力强，能够接受改变，也能很快地从问题和挫折中恢复过来。高勒和里格斯（Gholar & Riggs，2004）对适应性强的教师和学生是这样描写的：灵活、乐观、忍让，并具有开放的学习意识。他们认为，建立在"取胜之道"基础之上的意欲智力（conative intelligence，CI）能帮助学生爱上学习，并大幅度地提高他们的成绩。而所谓的意欲智力，在他们看来，是指"为着一个目标而坚持、追求、奋斗并全力以赴的能力，深知只有坚持不懈才能取得好的成绩；在主动的教与学中积极有效地发挥意志力的作用"（p.18）。当人们利用意欲智力时，他们会千方百计地作出聪明的选择，并追求个人和学业的目标。而那些内心没有必胜信心的学生，可能会忙于和同伴、父母及老师展开权力之争，并将自己的不安全感和无能为力感隐藏起来。

如果教师能够潜移默化地向学生灌输积极的思考，他们就能改变学生对自身以及对周围世界的看法。

应对有权力欲望的学生的其他策略

- 保持冷静和平静。有权力欲望的学生往往试图刺激甚至激怒老师和同学。
- 将学生同小组其他成员或班级同学隔离开来，不让他们正面接触，以免大家说出或者做出令自己后悔的事情。
- 给学生一些时间冷静下来整理心绪。让他去一个私密的地方（办公室、媒体中心、辅导员办公室、休息室等），这样他就能够平静下来。
- 淡化他的愤怒，可以对他说"我明白你的意思"或者"我明白你的感受"，但接着，你必须告诉他你认为什么是必要的。
- 把争端放一放，说："你现在坐回到自己的座位上，等会儿我会考虑给你合格。"
- 和学生谈话，看看是否是因为他个人的或家庭的原因导致他焦虑与好斗。有时候，激起矛盾的，未必是一件件积累起来的小事，而往往是他的个人问题。
- 和学生签合同，共同讨论，列出在不安、想控制班级或小组时能够做出的可选性行为。
- 在下一次班级活动中，让学生充当领导角色。这样，他就可以以积极的方式，而不是消极的方式，来锻炼自己的领导才能了。
- 强化学生所做的任何一件具有积极意义的事情。在他冷静时，鼓励他。
- 让学生写"权力问题日记"，记录那些让他感到不安的事情。给他时间，让他处理情感，反思行为。自我分析是改变行为的有力工具。

添加一些你自己的解决方法，用以帮助那些有权力欲望的学生：

_____

_____

_____

_____

_____

有报复心的学生

情　节

辅导员老师卡登（Garden）将历史试卷发下去，并继续给全班讲课。

"考试是否通过，大学能否考进，这些都不该你们去关心。这些测验多恶心啊！难道我们这里还会有人去看内战那一章吗？"他冷嘲热讽道。

里克（Rick）考了62分，他盯着自己的分数，一声不吭。突然，他撕碎试卷，把它揉成一团，扔向垃圾桶，但没扔进。

"没看出来你还是个篮球运动员，"卡登老师挖苦道，"还好我不是你的教练。"

"考了这个分数，我就当不成篮球运动员了！你这个烂人！"里克叫道。

"你说什么？在我的课堂上不准你那样说话！放学后找我，留校一小时，我来教你怎么说话才有礼貌。"

"你可以去死了！"里克的嗓门也开始高起来，"放学后我有训练，你无权把我留下。"

"哦，好吧，我们走着瞧。你必须留下，否则就停赛几场！"卡登老师回答道。

"这不公平。你没办法让全班都不及格，你不能因为这个愚蠢的借口让我留一节课。好，我走人！"

里克一边叫着，一边冲出教室。"等着瞧吧，我爸妈和教练知道后，他们会怎么说。我爸爸是个律师，我们法庭上见！"

解决问题

有时候，因为自己的权力需求从未得到过满足，有些学生会变成有报复心的人，报复那些妨碍他们寻求权力的人。通常，有报复心理的学生会因为家长、老师或同学说过一句伤害性的话，或者冤枉过他们，或者做过一些不公平的事，而对他们进行报复。阿尔伯特（1989）指出，这些学生即使没有发作泄愤，也往往会拉着脸闷闷不乐。这让老师们神经紧张，因为他们不确定这些学生何时会进行报复。

　　教师能为那些有报复心理的学生做的最重要的事情，就是帮助他们重建与教师之间、与班级之间的积极关系。这可能会很困难，尤其是要和那个刚刚在全班同学面前说老师是烂人的学生建立起关爱的关系，但是这又很关键。教师应该重视用于鼓励的交际方法，另外也要对小组活动进行监督，以确保那个有报复心理的学生参与其中。有报复心理的学生必须学会用适当的方法表达他们受到的伤害以及愤怒，通过与教师及同伴之间恰当的交流去解决这个问题。教师则可以尝试用图 4.8 中的某些策略，去鼓励学生的积极行为，减少其权力之争。

- 避免讽刺或打压。
- 不要当着同学的面与学生发生冲突。
- 不要对有报复心理的学生进行报复。
- 认真倾听学生的问题（并探究其起因）。
- 与学生建立积极的关系。
- 当学生表现良好时，给予鼓励。
- 要求学生写日志，整理情绪，分析引起愤怒的原因。
- 经常进行师生会面，监督其行为表现。

图 4.8　应对有报复心理的学生的策略

　　学生的报复心理应得以平息，否则他们会暗地里酝酿计划破坏班级。一旦他们搞破坏，其他学生就会感到气愤，就会不再信任他们。结果，意欲报复的学生不仅得罪了老师，还疏远了同学，把自己的问题弄得越来越糟糕。

　　意欲报复的学生暗地里酝酿的计划会像雪球一样，越滚越大，并造成性格问题，在之后的半年甚至在校期间使他打上"恃强凌弱""不可救药""独来独往"的烙印。教师需要在教学中留出时间，让学生整理自己的情绪，或者请辅导员或别的老师找他们面谈，让他们通过日记或日志记录自己是如何发作的，并对各种不同的反应进行讨论分析。

如果学生不开心，不满意，或者不被班级接受，他们就会继续扰乱学习，干涉组内互动，直到自己的个人需求得到满足为止——有时候这种情况会走向极端。例如，美国的校园暴力，尤其是1999年科罗拉多州的可伦拜高中和2007年弗吉尼亚理工大学的校园暴力，就与暴怒的学生有关。当暴怒的学生进行杀戮时，他们往往把报复强加给他们认为不尊重他们的人。不过，有时候暴力的发生是没有规律的，学生暴徒会对路上的任何学生进行报复。校园暴力的存在，在很大程度上与有报复心理的学生密切相关。

借助分栏日志（见图4.9），教师和学生可以反思在愤怒时说过的话和做过的事，如果问题再次出现，分栏日志还能为他们提供解决问题的方法。有时候，这种日志可以帮助教师对自己行为的不妥之处有更多的了解，明白一次小小的事件为何会升级为一决胜负般的对立。对教师而言，他能做到的最大报复无非是让学生不及格，但对学生而言，他们不该为他们行为上的不良而付出学业上的代价。所以，我们必须认真对待问题，避免学生在学习上分心。

分栏日志能让师生对自己的行为进行元认知反思。吉文（Given，2002）指出，俄国心理学家卢力亚（A.R.Luria）把使用"自我对话"看成是对个人行为的调节。卢力亚发现，前额叶皮质受损通常会引起冲动行为、暴怒发作以及恐惧。他还发现，教会学生使用自我对话能抑制他们的冲动行为，使他们表现得体。反思系统让人们在头脑中展开对话、验证想法、反复思考，并在不需要真正实施的情况下呈现行为结果。吉文认为："这使得我们能够形成思维的策略和看法，并借此控制遗传倾向。"（P.121）换句话说，学生能够通过反思性学习管理自己的行为。日志是一种元认知工具，师生可以用它来分析自己的想法和行为，并通过行动来实现目标。

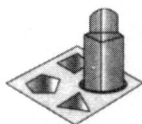

教师和学生都有必要通过描述事件、反思做法等方式，对所发生的一切进行整理，并检讨各自的反应，以达到彼此理解、彼此让步的目的。

焦点策略

学生：里克　日期：4月5日	反思　　　　　日期：4月6日
事件描述 　　我很生气，我认真准备考试，可指导老师对我大声嚷，说我们怎样都考不进大学。 　　我气晕了，把试卷扔到一边。他很恼火，可我更烦，因为我可能会被篮球队开除。球队是我的全部。	**我本来可以这么做** 　　我知道老师这样做是为了让我们更努力地学习。我应该下课后再找他，跟他谈谈怎样才能提高我的成绩。如果那样的话，我自然会冷静些，不会在班上极力争面子。我真不该用诉讼来威胁他。
教师：卡登　日期：4月5日	反思　　　　　日期：4月6日
事件描述 　　我把试卷发下去，告诉大家成绩很不理想。里克很烦躁，他把试卷扔了。 　　我恼火了，因为我本想进行试卷讲评的。他想在班上同我对着干。	**我本来可以这么做** 　　我不应该那样发试卷的，因为孩子们彼此都看得到，我想里克当时很尴尬，因为一位拉拉队员看到了他的分数：62分。 　　里克把试卷揉成一团，没扔进垃圾桶时我不该嘲笑他。我伤害了他。而他唯一能做的，就是在同伴面前保住面子——是的，他这样做了。

图 4.9　分栏日志

学生：_____ 日期：_____	反思 　　　　　　日期：_____
事件描述	**我本来可以这么做**
教师：_____ 日期：_____	反思 　　　　　　日期：_____
事件描述	**我本来可以这么做**

图 4.10　分栏日志（样板）

应对有报复心理的学生的其他策略

· 利用第一人称（I-message）进行交谈："当我看到你发脾气时，我觉得很不安，因为……"

· 要求和学生面谈，同时，请一位辅导员到场，担任客观观察员。

· 鼓励有问题、关心作业和分数的学生在课后单独找你。

· 课内安排一些时间，让学生们停下来，同他们一起讨论问题（尤其是对那些放学后就见不着人影的学生）。

· 分发试卷时，将卷子折起来，保护学生的隐私。

· 别引诱学生犯错。十几岁的青少年往往控制不了自己的情绪，但教师应该试着控制他们的情绪。

添加一些你自己的解决方法，用以帮助那些有报复心理的学生：

_____

_____

_____

_____

有攻击性行为的学生

情　节

> 考克斯（Cox）女士把全班分成几个合作小组，然后把项目要求贴在白板上。
>
> 多明戈（Domingo）看到吉米和他在一个组，就开始抱怨："我不想和他在一起，把他弄走！"
>
> 考克斯女士走到多明戈身边，问他："出什么事啦？你瞧，在班上大家都要互相尊重，和谐相处。"

"他偷过我的午饭钱，"多明戈脱口而出，"我不想与贼为伍！"

吉米的脸变得通红，喃喃自语道："你没有证据。"

"这还要证据吗？"多明戈反驳道，"我有三个人证，他们看到你从我书包里拿走的。"

吉米气汹汹地站起来，朝多明戈走去。

"坐下！"考克斯女士一边跑到办公室接电话，一边大声说道。

一场斗殴箭在弦上。其他同学纷纷把桌子搬开。多明戈转过脸来，看着吉米。

吉米从口袋里掏出瑞士军刀，在多明戈鼻子前晃来晃去。多明戈没有后退，吉米一点点靠近。

一个男生伸腿把吉米绊倒。

正当吉米和绊倒他的学生扭打时，隔壁的老师闻声而至，冲进教室。他抓住吉米、多明戈和那个伸腿绊人的学生，把他们全部拉到校长办公室。

解决问题

通常，有攻击性行为的学生会试图掌控他们的一切。如果有学生总是用发怒的方式来控制其他学生或小组，这说明他们已无法找到可行的办法来解决问题了。正是因为他们沟通能力不足，他们才会恃强凌弱、恐吓威胁或者直接伤害他人。如果我们教会学生对事不对人，教会他们去协商，去讨论，去妥协，我们就能避免他们的攻击性行为。愤怒，能够被说出来，也能够被做出来。如果学生将愤怒付诸行动，其结果就是攻击。

一个冷漠的学生，他的头脑里很少有对学校感到满意的画面，也许他的脑海里只会浮现出在街上"游手好闲"的画面。如果他的父母强迫他去上学，他就搞破坏，一直搞到被停课为止。当然，停课离校，正合了他的心意。因为在学校里，他几乎什么都控制不了，所以心灰意懒，只能靠不断捣乱来接近他想要达到的目的；而在街上，却是什么都由他说了算

（Glasser，1986，p.53）。

琼斯等（2001）建议，教师在应对有攻击性行为的学生时，一定不要情绪化，不能把自己的怒气流露出来。教师的脸一青，嗓门一响，说话一快，学生就会全力对付你，而不会意识到自己的错误，或者在行为上有所改变。

教师行为连续体

沃尔夫冈、班尼特和欧文（Wolfgang，Bennett，& Irvin，1999）把针对不良行为的所谓"直接处方"（clear-cut recipe）同他们自己推出的"教师行为连续体"（Teacher Behavior Continuum，TBC）进行了对比研究。他们并不把学生的姓名写到白板上，也不把学生每次的冒犯行为记录下来，而是认为教师在运用技巧时，应考虑使用与当下情境相关的权力。

在沃尔夫冈等（1999）看来，教师使用策略时，应根据学生的不同以及教师对有效技巧的理解的差异而有所变化。在某些场合，朝学生看一眼或者给个提示，他就能完全意识到自己的行为。而在另外一些时候，教师必须作出强制性指令，并说明不遵守指令造成的后果。当然，是否这样做，取决于师生摩擦的严重程度以及学生行为的具体目的，比如，是嚣张，哗众取宠，还是为了报复？图 4.11 概括介绍了几种教师用于提醒学生注意自己行为的策略。

尽管校园暴力是个至关重要的问题，但在大多数学校，像动手打人、破坏公物、公然对抗教师等严重的纪律问题还是很少发生的，其发生概率只有 5%。琼斯（转引自 Wolfgang et al., 1999）就这样指出：

> 80% 的纪律问题是学生上课时讲话、开小差，另外一类纪律问题是学生吊儿郎当或者离开座位（15%），第三类问题则是递纸条、偷偷带玩具到教室玩、绑鞋带等不良行为。（p.37）

第一步：注视

这是 TBC 行为中的第一步，也是最省力的一步。教师通过注视、触摸或发出声音等形式，提醒学生注意自己的行为。

第二步：名状

TBC 行为的第二步。当发生某些小插曲（比如学生与其他同学产生纠纷，或者对某些物品、材料感到棘手）时，教师用语言描述学生正面临的情绪、问题或状况。

第三步：提问

TBC 行为的第三步。让学生对情境进行反思，并思考新的解决方法；当然，教师也可以用提问的方式给学生提供帮助。

第四步：要求

TBC 行为的第四步。教师直接提出硬性要求，告诉学生该做什么，并约定任何超出要求大范畴的亚行为（subbehavior）都是有后果的。教师一旦对学生提出要求，如果学生不遵守，就要在口头上予以警告；如果他再不立刻遵守，则要采取强有力的行动措施（动作干预）。

第五步：行动（动作干预）

这是 TBC 行为中最有力的、最具强制性的一步。教师抓住学生的手臂，控制其身体，终止正在发生的动作。

图 4.11 教师行为连续体（TBC）

选自经由沃尔夫冈等（1999）授权的《在中等年段教会学生自律的策略》（*Strategies for teaching self-discipline in the middle grades*），p. 15。波士顿：艾琳与培根出版公司。

琼斯补充说，如果纪律问题很严重，教师通常要花 5 分钟左右的时间才能把学生带到办公室，而任何小破坏或微不足道的行动，都会耗掉一堂课三分之一甚至更多的时间。显然，教师需要想想办法，让学生专心学习，提高学业成绩。

教师行为连续体中列出的所有步骤都能帮助我们化解当下出现的挑衅局面，但接下来我们还得与学生，也许还有辅导员或家长进行面谈。大家必须逐一分析：到底行为是怎么被激起的？为了监控学生，杜绝日后的破坏行为，我们需要确定什么样的行为干预？基点检查和会谈该怎么做？……在许多时候，发生挑衅事件只是个征兆，后面的情形也许更为复杂，因此我们必须把它弄清楚，解决好。

欺负同学

罗伯特（Roberts，2006）认为，诸如欺负、捉弄、奚落、欺骗、欺侮和骚扰这样的说法，其实都是指类似的事件或情景，其差别仅在于行为连续性的密度。他指出，奚落是捉弄的一种严重表现，如果没人阻止，挑衅者是不会结束的。他认为：

> 另一方面，欺负这一行为往往包含着语言和动作的挑衅，从施动者（霸王）到目标者（受害人），其情节越演越烈。同时，这一行为还常常伴随着施动者和受害者之间的直接身体接触。对于干预者而言，应给予这一行为较高程度的关注。（p.14）

捉弄和欺负会长久地危害受害者的心理健康，尤其是当他们得不到帮助，不能摆脱骚扰时。

罗伯特（2006）描述了六种学生类型，他们都面临着成为受害者的风险。从总体上来看，受害者与社会隔离或被社会遗弃，有转学历史，交往能力差，"不惜代价"渴望融入，无戒备心，被同伴视为异类（p.31）。不幸的是，互联网和个人空间的出现，又滋生了网络欺负和"网络奚落"，受害者要承受各种尴尬的图片和评论带给他们的伤害。这些图片和评论，有的是通过网站发布的，有的是通过邮件发送的，还有的则通过即时信息和移动电话进行传播。

根据肖尔（Shore，2005）的研究，被同伴奚落、遭受身体袭击会成为孩子童年最痛苦的经历之一，并将在他们心里留下永久的疤痕。他认为：

> 被欺负的对象可能会经历焦虑、自信心低落、沮丧等情绪，有时候甚至还会起自杀念头。他们越来越觉得，学校就是一个欺负事件频发的地方，是一个没有安全感的、引发焦虑的地方，所以他们害怕上学。对有些学生来说，他们宁愿不上学，也不愿面对被欺负的折磨。（p. 5）

此外，欺负行为对目击整个事件的同学也会产生影响，并导致学校弥漫恐惧和焦虑的气氛。很显然，当学生最基本的安全需求都得不到保障时，他们是不可能去关注各种水平要求和学业成绩的。在课堂内营造合作氛围，讲解和回顾交往技能，同时对即将出现的问题明察秋毫，这样的老师才能监控潜在的"欺负行为"，退一步讲，即便他没有做好预防工作，也能在这种行为影响学生和班级气氛之前，及时进行处理。

暴力行为问题一旦发生，教师是不可能通过放学后把学生留下来或者在黑板上写上学生姓名这样的方式来解决的。教师必须和学生一起制订一份长远的行动计划。通常，当学生使用武器或试图使用武器时，根据学校的规章制度，他会被停学或开除。不过，攻击性行为还应包括威胁他人、抢拳头以及暴力使用书本、课桌等物品的行为。教师必须对其他学生采取及时的保护措施，然后，等那位问题学生返回教室时，再着手解决攻击性行为这个长期的问题。图 4.12 是针对前文所描述的"情节"而提供的行动计划参考，图 4.13 则提供了一份样板，教师可以使用这份样板来帮助学生。

用来应对有攻击性行为的学生的其他策略

- 当学生被解除停学或开除处分回到班级时，要私下同他交谈，找出他对其他同学采取攻击性行为的原因。可以问问他是否因为一些个人问题才导致了这种行为，从而了解整个问题的起因。如果家庭方面牵涉到虐童或者养育问题，则谈话时有必要叫上辅导员。
- 联系学生家长，了解他在家里或在学校其他情形下是否有过攻击性倾向，

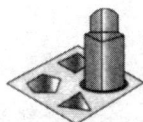

分析问题，并制订行动计划。

焦点策略

学生：吉米，多明戈，保罗（Paul）
问题：吉米向另一位学生拔出军刀。

快速修复计划

1.我可以把学生们隔开（除非这样做会对我或其他学生造成伤害）。

2.我可以请求援助（或者派一个学生去叫人）。

3.我可以心平气和地同吉米交谈，看看他是否会把刀子放下。

4.我可以叫班上其他同学离开教室（撤走观众）。

下一步行动

1.与这两位学生谈话，找出问题产生的原因。

2.最好分别同这两位学生交谈，听听他们各自的看法。

3.找到那位伸腿绊倒吉米的同学，同他谈一谈。

4.了解清楚午饭钱被窃事件的具体情况。

5.分别聆听所有与事件相关的学生的陈述。

长远解决方案

1.请同伴调解员或辅导员对午饭钱被窃事件进行调解。

2.再一次向全班同学传授用以解决冲突的交往技能。

3.要谨慎地选择小组，以避免个体冲突。

4.当吉米被解除停学或开除处分时，带他接受专门的辅导。

教师：<u>考克斯女士</u>　　　　　　　　　　日期：<u>9月25日</u>

图 4.12　行动计划

Action

| 学生： |
| 问题： |

快速修复计划

下一步行动

长远解决方案

图 4.13　行动计划（样板）

同他们一起商量解决方案，并安排后续见面事宜。

· 同辅导员交流，查看学生记录上是否有行为问题的前科，看看能否保证他参加特殊教育辅导班或给予他特别的辅导。

· 当压力产生时，让学生选择去休息区或"卫星区"独立做事。在那里，他必须对自己的事全面负责，独立完成工作，其他成员不得帮忙。

· 设计一个口头的或非口头的信号，这样，当学生失控时，给他一个警告，比如说，双手交叉表示他"过底线"了。

· 观察班上其他同学的行为，看看他们当中是否有人特别能激怒他，并看看他是否会因此发作。

· 同学生交流，发现他的兴趣爱好，以此建立私人交情。

· 评价他的学习状态，了解他是否对学习感到不满意，是否因为无法跟上小组同学而采取攻击性行为以弥补自己的不足。

· 经常调换合作小组，免得他与大家长期不和。

· 让学生随时记录他们的违规交际行为，隔一段时间之后（在一天或一周结束时）同他们会谈，了解他们的情况，并商量哪些方法会对他们有所帮助。

· 对课堂进行录影或录音，并让学生看回放，让他了解别人是怎么看待他的行为的。

· 让学生写日记或日志，把他在沮丧或生气时的感受记录下来。

· 给他布置一项任务让他去完成，从而提高他的自尊心。

· 在复习交际技巧时，通过学生的角色扮演，模拟一个攻击性行为的场景，并组织学生讨论该如何处理这样的问题。

添加一些你自己的解决方法，用以帮助那些有攻击性行为的学生：

_____

_____

_____

_____

自暴自弃的学生

情 节

威廉姆斯（Williams）先生正在他的世界史课堂上讲授希腊神话。学生们都打开书本，威廉姆斯先生让几个学生朗读神话。

"杰米（Jamie），请你给全班同学读一下阿芙罗狄蒂（Aphrodite）和丘比特（Cupid）的故事，好吗？"威廉姆斯先生问道。

杰米的脸红了，她开始缓慢地、断断续续地朗读。

"阿芙……罗……狄蒂很虚荣。她大部分时间都在打……扮、照……镜子。在奥……林匹斯山（停顿），她住在金殿里，和她的……"

"下面一个单词我不会读。"杰米小声地说。"Protégé（法语，意为'门徒'或'被保护的人'）。"威廉姆斯先生提示道。

"可以让其他同学读吗？"杰米恳求道，"我不舒服。"

"当然可以。"威廉姆斯先生回答道，"卢卡斯（Lucas），请你接着杰米停下来的地方读下去，好吗？"

这节课剩下的时间内，杰米都把头靠在桌上。

解决问题

学生经常会玩"我不会"这个游戏，因为他们觉得他们无法完美地完成任务。其实，那些"不自信"的学生应该认识到，不完美也是不错的。他们照样可以和其他同学合作，尽量出色地完成任务，并取得被大家认可的成果。

丁克迈耶和罗森茨（Dinkmeyer & Losoncy，1980）认为，信心不足的学生经常说"我不会"，而他们真正想表达的意思是"我不愿意"。"我不会"是一种消极的抵抗，而"我不愿意"则是一种主动的拒绝，并常常导致师生较劲或对教师的挑战。根据丁克迈耶和罗森茨的研究，"我不会"这个短语说明了一种无助，它的目的有以下几个：

1. 说话者相信，只要示弱，就会有人为他效力。

2. 说话者相信，自己是一个不自信的人，只要通过"逃避"——避免面对人生的挑战，就可以保护自己，免遭可能的失败。

3. 说话者相信，自己是没有能力的、无助的，别人应该原谅他，不会期望他把事情做好。（p.55—56）

通常，自暴自弃的学生在能力方面缺乏自信，认为人生很不公平，他们付出了努力，却仍然只有失败。这些学生失去了勇气，形成了消极的自我观念，有些时候甚至彻底放弃（Dinkmeyer & Losoncy，1980）。由于教师平时都忙着应付那些寻求关注、寻求权力的吵闹分子，所以往往会漏掉这些安静内向的学生。不幸的是，失去勇气、自暴自弃的学生群体要比大多数人意识到的还要大，并且他们往往最终走上了退学之路。很多时候，他们困难的根源还是学习问题。阅读能力低下的学生，宁愿拒绝阅读或表现出对阅读不感兴趣，也不愿意在课堂内朗读而在同伴面前出洋相。贝兰卡和佛格迪（2003）为此提供了几点策略，以帮助自暴自弃的学生获得自信和控制感（见图4.14）。

有些自暴自弃的学生去找老师时，满脑子都是在幼年时期就已经根深蒂固的悲观愿景。而对教师来说，他们不可能光靠一两次谈话就能帮学生从肩膀上卸下沉重的负担。要想帮助自暴自弃的学生感觉自己是成功的，使他们在小组内体现其价值，在小组活动中表现出色，并能成功完成个人任务，关键还在于坚持。这些学生努力逃避任何可能导致他们失败的事情，因此，教师要做的是组织活动，使他们体验成功，获得信心，树立积极的自我意识。不妨给他们检查清单和评估准则，为他们指导努力的方向，通过这种方式给他们提供一张指向成功的路线图，减轻他们因"不知道老师想要什么"而产生的焦虑。

- 给学生布置的作业是他们能够成功完成的。

- 与学生交谈，分析其信心不足的原因。

- 给自暴自弃的学生找一个能体恤他的感受、帮助他的伙伴。

- 降低学生对错误的焦虑感。

- 弱化分数，强化对学习的热爱。

- 把大任务分解成小块（列表式）。

- 提醒学生他们曾经获得过成功。

- 利用团队建设活动，培养组员之间的信任。

- 安排家庭作业伙伴，让学生得到更多的帮助和支持。

- 给予积极的反馈。

图 4.14　教师应对自暴自弃的学生的策略

选自詹姆斯·贝兰卡和罗宾·佛格迪所著的《合作性课堂的蓝图》，科文书社，2003 年。

教师能用的策略之一，就是揣摩语境，确定问题的真正缘由。为了掩盖真正让他们不安、不自信的问题，学生要么会特意表现，要么会退缩回避。有时候，只要通过师生之间一对一的谈话，教师就能发现哪一种方法最能帮助学生。

在谈话中，解决问题的窍门在于反思性倾听。用封闭式问题提问、只要求回答"是"或"不是"的教师，以及一开始就用"为什么"进行提问的教师，都会中断真实的交流。

封闭式问题

封闭式问题听起来带有一些指责、嘲讽、否定的语气，容易使学生产生对抗情绪，并使他们处于自我保护状态。有时候，为了报复教师让他们在同伴面前出丑，学生会对教师作出机智的反应。即便学生一言不发，或者有礼貌地应答,他们也已经丢了脸,他们的自尊也已经受到伤害。因而,封闭式问题能促使学生好好表现,这一点很值得怀疑。图4.15给出了一些封闭式问题的例子。

> 问:你是要坐在这儿,还是要去忙?
>
> 答:是的,我要坐在这儿——你想怎么办?
>
> 问:你真的觉得自己很有趣吗?
>
> 答:是的,我的确这样认为。
>
> 问:你能不能不这么游手好闲,去做点正经事?
>
> 答:我没怎么游手好闲啊!

图4.15　封闭式问题样例

开放式问题

开放式问题能引出进一步的对话,包括各种可能的应答。通过开放式问题,师生可以建立一种和谐的关系,因为这些问题传达着关切和公正。

> 问:哦,你老是说你很苦恼,是因为自己阅读不够好?
>
> 答:我也说不清楚。
>
> 问:嗯,在全班面前朗读时,你能不能想一些办法,让自己变得更自信?
>
> 答:好,我会的!

图4.16　开放式问题样例

教师在听学生讲问题时,她或许想得出以下"潜台词":

- 这位学生是不是想让其他同学更多地注意到她?
- 其他学生会不会因为她朗读声音太大而取笑她?

·这位学生有没有令她尴尬的语言问题?

戴克斯(Dreikurs)建议在这样的讨论过程中,教师应细心地在学生身上寻找他所谓的"再认反射"(recognition reflex),或是猜测正确时的下意识迹象。这种反射可能是姿势的改换、目光的改变,或者是一个暗示着问题深层原因的非语言线索。通常情况下,学生意识不到真正的问题是什么,因此,教师有责任让问题浮出水面(转引自 Dinkmeyer et al.,1980,p.114)。

正如图 4.17 所显示的关键策略那样,教师希望家长能参与进来一起解决问题,同时维护学生的自尊心。图 4.18 则是一个教师和学生一起使用的师生会谈模板。

尽管教师特别忙,每天要给许多学生上课,但是一对一的会谈还是能起到很大作用。首先,通过这种会谈,教师能给予学生个别的关注;其次,教师可以不受其他同学的干扰,专注于问题;再者,在私交的基础上,教师能更多地了解学生。当然,帮助学生获得自信,克服自暴自弃,需要进行长期的人际接触。

应对自暴自弃学生的其他策略

·通过在课外活动中获得成就,学生可以提高自尊心。

·和自暴自弃的学生约定一套秘密系统。承诺只有当你站在他身边时才叫他回答问题,这样,其他时候他就不用担心会被叫到,能专心学习。

·提问时,给自暴自弃的学生以充足的等待时间。同时,试着问一些他能回答的问题,以培养他的自信。

·学生完成任务时,给予具体的鼓励,换句话说,不要只是说"讲得不错",而要告诉学生,他讲得之所以精彩,是因为他运用了目光的交流、有效的手势和恰到好处的幽默。

·每次活动要确保有足够的时间。自暴自弃的学生常常会感觉时间仓促,当教师和班级同学节奏比他们快时,他们会变得沮丧。

·活动之间留出点时间,让学生过渡一下。自暴自弃的学生学习能力差,

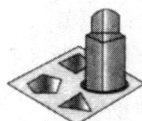

教师询问学生一系列开放式问题，并共同填写此表格。

焦点策略

学生：**杰米**　　　教师：**威廉姆斯先生**　　　日期：**9月9日**

教师的担忧：我很担心，你没有参加过课堂讨论，每次在课堂上叫你朗读或回答问题时，你都很不耐烦，或者找出一些借口来搪塞。

学生的担忧：我真的很腼腆，我不喜欢在课堂上发言，因为我怕我会说错话，这样其他孩子就会嘲笑我。我也很讨厌大声朗读。我真的很紧张，我不明白我到底在读什么，因为我老在想，我要么读错了，要么不认识这些词语。

可能的选择：

1.除非杰米举手，否则威廉姆斯先生不会点名叫她。

2.威廉姆斯先生将不再叫学生在全班面前朗读。他可以把学生分成2～3人的小组，或允许他们默读。

3.杰米去找阅读老师接受测试，看看自己是否需要额外的帮助。

家长参与：我会让杰米每天晚上给我朗读，帮助她在发音和朗读时更加自然。同时我还会买些故事录音带，让她边读边听。

家长签字：汉森（Hansen）夫人

下次谈话日期：　**9月22日**

图 4.17　师生谈话表

学生：_____ 　　教师：_____ 　　日期：_____

教师的担忧： _____

_____

_____

学生的担忧： _____

_____

_____

_____

可能的选择：

1. _____

_____

2. _____

_____

3. _____

_____

家长参与：

家长签字：_____

下次谈话日期：_____

图 4.18 师生谈话表（样板）

很难将思维从一个任务迅速切换到另一个任务。

- 布置的家庭作业务必要切合实际。不要布置过量的家庭作业，因为自暴自弃的学生一旦完不成作业，就会产生挫败感。对他们来说，完成作业的时间要比其他同学更多。

- 不要给家庭作业增添新的材料，学生可能会无法理解新的知识。作业应该是对已学知识的回顾。

- 为所有作业提供有关评估量表的检查清单，这样学生就会明白对作业质量应有什么样的要求。

添加一些你自己的解决方法，用以帮助那些自暴自弃的学生：

_____

_____

_____

_____

第五章
应对棘手的学生 ①

唐娜·沃克·泰尔斯顿

尽管前几章的建议在大多数场合都能产生效果，但总有些时候，我们需要采用替补方案。课堂上并非所有的开小差问题都是小事一桩。虽然我们有许多理由去解释学生的行为，但在付诸讨论时，往往把消极行为归入最基本的类型。现在，我们不妨看看几类消极行为，以及这些行为所体现出来的特征。

渴望关注的学生

学生如果通过正常途径没有得到他们所渴望（或需要）的关注，就可能会开小差，或者做些吸引注意力的动作，以达到他们的目的。他们采取的行为方式主要包括：

- 上课迟到。
- 擅自讲话。
- 发出噪音。
- 不按顺序发言。
- 三番五次地从座位或椅子上站起来，四处走动，或者去拿卷笔刀，去弄垃圾桶，等等。

---

① 选自唐娜·沃克·泰尔斯顿所著的《每个教师都要了解的课堂管理和纪律》（*What Every Teacher Should Know About Classroom Management and Discipline*），科文书社，2008 年。

• 故意违反规定。

如果需求没有得到满足，他们的行为就会升级为：

• 尖叫，言语攻击。
• 挑战教师的权威。

只要这种行为发生在你这个老师身上，你就会知道它的后果。"当关注成为引起不良行为的原因时，你一般都会觉得很懊恼。"（Master Teacher，2002）。

对于寻求关注的行为，并不存在唯一的解决方案。仔细分析引起这种行为的原因，可以帮助我们找到更多的解决方法。这些学生通常是动手型学习者，也可能是典型的视觉型学习者，如果课堂的教学方法以听为主，他们就会感到十分吃力。要解决这个难题，教师可以在课堂内引进视频以及学习模型，并让学生们动起来。另外，学生往往是因为感到厌倦而开小差，并做出寻求关注的行为。这个时候，你不妨问问自己：这个学生受到挑战了吗？他坐着听课的时间是否过长了？大脑研究者认为，我们的大脑无法长时间专注于讲课的形式。对于 15 岁以上的学生或成人来说，20 分钟是能集中注意力的最大时间值；而对于 15 岁以下的学生来说，他们的年龄就是衡量标准。比如说，8 岁的孩子只能专注 8 分钟，之后他的注意力就减弱了。在你参加过的会议中，有没有人连续对你讲上一个钟头甚至更多的时间？你有没有注意到，即便你对会议内容感兴趣，你照样要在会场上走进走出以使自己清醒？

给寻求关注的学生提供反馈，当他们做得好的时候给予充分的表扬，通过这样的方式，帮助他们获得需求的满足。这些学生就像那些把 25 美分硬币一股脑儿投到游戏机里的人那样，只要及时给他们反馈，只要他们获得了瞬时的满足，他们就会越做越好。教师必须明确教会这些学生如何更加恰如其分地运用元认知系统，尤其在完成任务的过程之中。

在处理寻求关注的学生的问题时，想要扭转他们的行为，一定要记住以下几点：

- 针对问题，直截了当。告诉他们到底什么地方做错了，后果会是什么，以及为什么。
- 放轻松点。同这些学生打交道时，要保持微笑或幽默。
- 时机成熟时，与他们谈判。比如，你可以告诉他们，你讲课时不会一次性超过 10 分钟，过了这 10 分钟，你会给他们机会活动活动，可以和同组同学或者搭档聊会儿天。（而且，用这种方式进行教学，对大脑十分有利。）
- 提供机会，让学生在上课期间来回走动。如果小组学习效果不好，就让学生站起来，伸展一下。

寻求权力的学生

寻求权力的学生可能具有下列某些或者全部特征：

- 表现出焦虑
- 会经常疲倦或头痛
- 会努力用犯错（guilt）来进行控制
- 经常唠叨、抱怨
- 在教室里试图左右老师或其他同学
- 具有独裁的心态

"当权力成为引起不良行为的原因时，你一般都会有一种被威胁的感觉。"（Master Teacher, 2002）

之所以会出现权力的较量，通常是因为害怕——害怕失败，害怕不被接受，害怕后果，当然还有更多的害怕。在教室里，教师往往是最有权力的人。毕竟，在学生的眼里，这个人有权把学生留下，有权打电话给父母，有权扣学生的分，有权布置额外的作业。有趣的是，有时候，偏偏就是这些学生反而能够被很好地组织起来，同时，也是这些学生让你感到课堂组织不到位或课堂纪律没有维持好。如果没有及时干预，这些学生简直会爬到你的头上来。对于这种行为，有些老师采用了如下做法：首先，根据情况具体安排学习和行为，并连续强化；其次，给学生以选择权，让他们在课堂内自己决定，这样，教师就不大可能碰到这类问题了。陷入与学生的权力较量之中，本身就说明你已经失败了。就算你赢了，你也可能给人以一种强势的印象。应对这些学生的更有效的办法，是倾听他们的顾虑，认可他们的情绪，并在私底下解决问题。如果他们大声抱怨，你就一只耳朵进一只耳朵出吧。要稳住，别着急，不要在全班面前纠缠于权力较量之中。要帮助学生找到同一种情况下的不同做法。佩恩（2001）就曾建议，在处理贫民区学生时，要让他们写下其他选择，以及下一次他们会采取的方法。格拉瑟（1986）也说过，有时候学生在课堂上对权力有需求，是因为他们觉得没有人在听他们说话。学习成绩不好的学生尤其会觉得自己在学校里无足轻重。柏克（Burke，1992）借助一种图形模式，对教师和寻求权力的学生之间发生的冲突进行了分析。对年纪稍大的学生而言，我们可以利用这个图形模式和他们进行讨论，帮助他们认清自己的行为，并分析到底有哪些因素可以化解当前的局面（见图 5.1）。

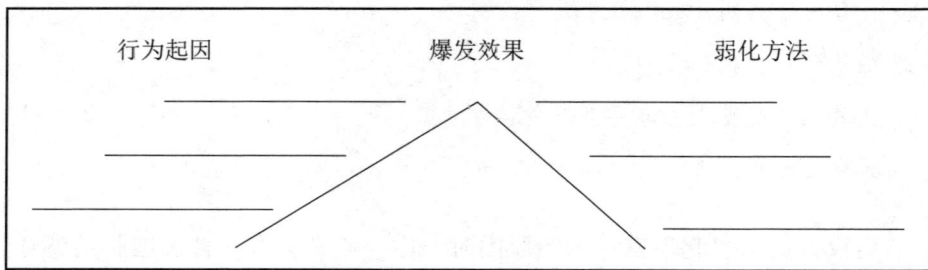

图 5.1　权力较量的各个阶段

以下方法可以帮助我们弱化寻求权力的学生的行为：

- 直言不讳。明确指出他们的行为到底是什么样的行为。如果你绕着圈子说话，他们将心知肚明。

- 实事求是。这就是你正在做的，这些就是指标。这些学生不要听"我认为""我觉得",他们要根据事实来做事。

- 重提规则。这些学生喜欢底线和规则,他们喜欢遵守。比起其他小组,这个组更需要阅读规则,并需要设定纪律处分以使之遵守规则。
- 用书面形式将问题、规则和结果写下来。

寻求报复的学生

寻求报复的学生具有以下某些特征:

- 对课堂、同学或老师进行挑剔。
- 好争辩。
- 经常问为什么。
- 冷淡或内向,甚至可能做白日梦。
- 势利。
- 我行我素,不按要求做事。
- 挑剔规则,尤其是当规则没有连续性或没被强化时。

当他们的行为失控时,他们会付诸吝啬小气、怀恨在心等行为,譬如暴打同学或损坏财物。你只需通过你的感受,就能明白这种行为。大多数教师会感到吃惊或者愤怒。

> 有时候,因为自己的权力需求从未得到过满足,有些学生会变成有报复心的人,报复那些妨碍他们寻求权力的人。通常,有报复心理的学生会因为家长、老师或同学说过一句伤害性的话,或者冤枉过他们,或者做过一些不公平的事,而对他们进行报复。(Burke, 1992, p.194)

不公正的待遇也许并非针对寻求报复的人——它可能只是一件关乎其他同学或者全班同学的事。但是,教师应该听听这些学生的说法,并认真对待。对此采取的惩罚性行为只会造成学生行为的升级。问题需要私下处理,并以成年人的口吻进行——不要去奚落，也不要去嘲讽。即便是最好的学生，有时候也会表现出这些行为，尤其是当他们觉得被冤枉时。这些学生会利用自己的能力，在班上呼风唤雨，从而把整个课堂弄得无法收场。

以下建议可帮助我们扭转那些寻求报复的学生的行为：

- 使用学生的逻辑。比如说："如果我同意大家都可以在教室里'做自己的事情'，不用遵守规则，那就一团糟了。"
- 保持客观，避免对立。尊重的是学生本人，而不是他们的行为。
- 承认学生对班级作出的贡献。
- 不时地给学生创造机会，让他们独立活动，从而满足他们按自己方式做事的需求。

自暴自弃的学生

自暴自弃的学生具有如下一些特征：

- 对教师不屑一顾。
- 不参与活动。
- 威胁要退出。
- 容易对事件反应过度。
- 课前不作准备，或学习达不到能力要求。
- 情绪化，因做事不成功而迁怒他人。

如果你的学生表现出这样的行为，你一定会感到十分沮丧。

在教室里很容易找到这样的学生，因为他们的情绪经常外露，他们比其他的学生更敏感，也更在意他人。对于这些学生，教师要频繁地反馈他们的表现，同时也要给予他们积极的鼓励。通常，这些学生都是后进生，他们觉得自己没有控制能力。他们很努力，但从来没有成功过。因为充满挫败感，他们往往哭泣、想退学、噘嘴、发怒，或者对教师置若罔闻。教师应减轻这些学生的焦虑，同他们交谈，了解他们自暴自弃的原因；给予他们反馈和鼓励；在将他们置于独立的学习环境前，一定要确信他们已经具有了必备的技能。自我效能感是帮助这些学生的关键——为他们提供越来越多的成功机会，从完成最简单的任务到挑战高难度的任务，同时，使他们受到的压力恰到好处。

以下方法可用来帮助那些有自暴自弃情绪的学生：

- 私下用平和的语调与学生交谈。
- 倾听学生的说法。
- 保持交流畅通。这些学生往往喜欢说话，但是一旦他们感到威胁，他们就会对你三缄其口。
- 帮助他们了解学习的重要性，尤其要让他们明白，学习无论是对他们还是对别人都有好处。
- 这些学生经常需要反馈，所以在课堂上要尽可能为他们提供反馈。

对那些因为愤怒、害怕、报复以及对权力的需求而引起的问题，我们需要制订一个备用计划。这个计划主要围绕行为问题，并对问题的处置提供预案。有了这个计划，你就不大可能会被气炸，或者脱口而出说些让自己难堪的话。现在，让我告诉你哪些事**不该**去做：

即便学生对你或你的课堂说三道四，你也不要生气。不要对号入座，听过且过吧！先数几个数字，一百零一，一百零二，一百零三，然后再作反应。深呼一口气，让自己放松。弗雷德·琼斯（Fred Jones，2002）说过：“我们生气时，会把手放在腰的上方；我们放松时，会把手放在腰间。”所以不妨练习放松，即便当时的局面有点紧张。你可以找你的同事或家人一起练习，或者找任何一个愿意帮你学会调整节奏、保持冷静的人。如果你对这些说三道四过于在乎，情况就会变得越来越糟糕。

- 不要拿空话吓人。不要用你做不到的行为去威胁。即使你真能做到，也不要针对全班同学——私底下搞定那几个刺头就行了。

· 不要把问题学生的名字写在黑板上，这样做，只能使他们更加疏远你。

· 不要羞辱学生。

· 对于不良行为，不能熟视无睹。全班同学都知道这种行为是不对的，如果你还对它听之任之，大家就会认为你根本不在乎这种行为。

· 对待学生要一视同仁。行为管理必须自始至终，确保公平。

可是，如果纪律问题持续存在，而且又与动机无关，那又该怎么办呢？我们应如何应对这些破坏行为？

以下是针对如何改变破坏行为的一些建议（部分基于弗雷德·琼斯的研究，见 www.fredjones.com）。

1. 保持冷静。不要让你的身体语言或表情泄露你的紧张。慢慢地让自己平静下来（给自己三秒钟，数一百零一、一百零二、一百零三，哪怕这看上去有点漫长）。手臂放松，放在身体两侧，舌尖在口腔上膛游走，使自己的下巴也松弛下来。

2. 眼睛盯着那位捣乱的学生，如果这样还不能让他停下来开始学习，就直接走过去。

3. 走到学生边上，双手撑在桌上，轻轻地同学生说话。如果学生停下来开始学习了，就把手拿开，慢慢地转身离开。你应该同时巡视教室，检查学生的功课，这样他们就不会觉得你这个举动很唐突。事实上，如果做得好，学生甚至不会意识到你在管理某个学生的纪律。

4. 务必让捣乱分子彻底回到学习中来，双脚放在桌子下面。如果他们没有彻底回转，你一走，他们又要准备和人讲话了。

5. 如果你刚走开学生就开始说你的坏话，慢慢地转过身去，重复一遍刚刚做过的环节，别理睬他们的恶言恶语——为什么要让局面恶化，被他们惹恼，承认他们赢了？学生说坏话时，你必须采取行动让他们回到学习中来。因为不只是你听到了坏话，你周围的学生也都听到了。他们正等着看你是否会向那个学生让步呢！

6. 在年级手册或单独的笔记本上记录轶事，这样有助于记住这些特殊的经历，以备日后拿给家长或行政人员看。

7. 如果你觉得行为需要进一步交流，让学生课后留下，以便与他交谈。

8. 建立档案，保存学生的姓名、地址、电话号码以及父母的联系方式。

9. 要一份学校纪律行为规定的复印件，从头到尾读一遍。当行为不再是孤立的事件时，总有规定该采取什么措施。

10. 最佳的方案就是作好充分准备。明确在给定的情境中，你该作出怎样的反应，接下去又该如何行动。

11. 如果你的学校对一些突发事件没有应急方案，比如当学生的行为异乎寻常，或超出你的控制（包括教室里的拳脚大战）时，你应该和附近的老师商量一下对策，约定求助信号。比如，你可以把苹果切成薄片。当局面变得紧张时，你可以轻松地让一个学生拿着苹果去隔壁的威尔科克斯（Wilcox）先生那儿。我们也可以使用暗号，比如说打电话到办公室，说今天是华盛顿（Washington）的生日或贝蒂娃娃（Betty Boop），于是他们就知道你碰到麻烦了。如果教室里没有电话，就让某个学生去隔壁教室，告诉那边老师一个你们事先说好的暗号。此处的关键是一切都要事先准备好。假设你有了计划，假设你对各种情形已经仔细考虑过了，在突发事件面前你就很容易保持镇静。

关于愤怒的几句话

潘克塞普（Panksepp，1998）把愤怒定义为"我们所经历的强大的力量，一种爆发出来并发泄在他人身上的内在压力"。在极大的焦虑和压力面前，我们发现，从公路暴怒到拳脚相加，人会越来越缺乏对冲动的控制力。教室里的学生也不例外。我们不仅每天看到愤怒在上演，而且当需求没有得到满足或者学生感到困扰时，他们会把愤怒升级为暴怒。吉文（2002）指出："当人试图逃离恐惧情境，却一再受挫，结果陷入了一种战逃反应（fear-fight response）时，他会变得狂怒。"科学家们发现，有严重攻击性行为的人通常血清素（serotonin）水平较低，而去甲肾上腺素（norepinephrine）水平较高。这些化学物质似乎增强了对愤怒和攻击性行为的一般唤起（general arousal）效果（Linnoila et al., 1994）。明确地帮助学生审视他们的自我概念，将有助于减少这种负面行为。吉文（2002）认为："如果教师希望学生能坚持学习任务，那么他们必须关注在课堂语境下，学生是如何评价自己的。"要做到这点，需要耐心和恒心，这也是对学生和整个班级的要求。在每一份国家议程上，都有关于教育的问题和社区暴力的问题。作为教师，我们有机会帮助学生解决这些问题，而其他人却没有这个机会。利用我们对大脑自我体系的了解，我们能够在班级中作些改变，并产生长远的影响。而我们可以迈出的第一步，则是教会学生了解自己，分析自己的动机以及自身形象。吉文指出：

> 如果学生频繁地表现出粗鲁、好斗的特性，他们就会把自己的行为内化为"难相处"的自我认知；相反，如果学生把自己看成是友好的、乐于助人的、善良的，他们就会把这些特征内化为"令人愉快和体贴"的自我认知。有了这样的自我认知，学生会采取相应的行为方式。

应对贫困的学生

出身贫困的学生，大多不会出现纪律问题。但是，他们身上所具有的某些特征还是令师生们深感头痛。比如说，佩恩（2001）就指出，世代出身贫困（两代以上）的学生在接受训导时会发笑，因为在他们的世界里，这是保全面子的做法。他们还表现出一些其他行为，如：

- 和老师争论——贫穷的学生往往不信任任何权威。
- 不合适的或粗俗的话语——贫民区学生和贫困学生使用一种叫"随意变体"（casual register）的语言形式，其中包括街头用语。
- 缺乏听从指示的能力——通常，在贫困环境下不使用过程性记忆。在贫困中长大的学生喜欢为当下而活；制订计划不是他们的日常活动。

- 打架——打架通常是贫困生生存的方式。他们不懂得谈判的技巧，因为没人教过他们。
- 把手搭在别人身上——使用非语言信息也是贫困的一个表现。身体很重要，因为这是他们能拥有的少数东西之一。

教师该怎么做？

大多数学校都是基于道德教育、演讲口才以及中产阶级价值观运作的。为了应对贫困学生，我们首先必须明白，他们可能不了解中产阶级的规则，也不清楚为何需要遵守这些规则。学生需要知道的是，要么在大街上出人头地，要么在学业和工作上功成名就。告诉他们不能笑对恐惧，这无疑会给他们在大街上的闯荡带来杀身之祸。我们希望他们在学校和在街上都能生存下来，因此我们要帮助他们搞清楚其中的差异，也要帮助他们明白为什么要搞清楚这个差异。以下建议可帮助你应对这些学生：

1. 理解产生行为的原因。

2. 帮助学生明白在学校还可以有其他行为。

3. 提供大量的动手活动。在长时间坐着听讲的环境中，这些学生的表现会不尽如人意。（其实，在这种环境下很少有人能表现良好。）

4. 教会他们进行积极的自我交谈。通常，这些学生进校时都认为自己不可能成功，在解决问题的过程中，教师要向他们示范如何进行自我交谈。由于他们在过程方面没有任何经验，不知道如何一步一步地进行下去，因此，要帮助他们利用自我交谈的方式去完成这些过程。

5. 不要和学生争论。相反，应该让他们告诉你他们做了什么，为什么这样做，以及下一次他们可以采取的其他做法。在作选择时，你可能需要帮助他们。

6. 用成年人的口吻同他们说话。佩恩（2001）把这种口吻界定为"非评判性的、没有负面身体语言的、实事求是的、往往采用提问形式的、具有双赢态度的"。用这种口吻提出的问题如：

- 用什么方法才能解决这个问题呢？
- 这种情形下有哪些选择？
- 那样选择的话，会产生这些后果。
- 我们认可分歧。（Payne，2001，p.110）

本章小结

教室里的不良行为主要归结于对关注、对权力、对报复以及对自信的需求，这些需求对应了学生的具体行为。如果学生的需求没有得到满足，他们的行为就会加剧，变得难以控制。在纪律问题所涉及的三个因素（教师、产生不良行为的学生以及班上其他同学）中，我们能控制的只有我们自己。重要的是，针对这种行为，我们不能感情用事，要保持冷静，要迅速、连贯地处理，要有分寸地应对。特级教师（Master Teacher）列出了七个影响行为的首要身体需求以及八个次要生理需求。其中首要需求包括下列几个：

1. 饥饿——并非即时的饥饿，而是指营养不均衡，碳水化合物摄取过多，身体缺乏最佳状态运行所需要的热量。

2. 口渴——大脑需要水分，不是间歇的，而是整天的。水分摄入不足会迅速对大脑和学习产生影响。另外，服用某些药品也会使学生过度口渴。

3. 关系——和老师、同学以及外班同学的关系处理不好会引发不良行为。

4. 空间和其他自然因素——教室本身就可能是一个问题，照明、暖气、空气或其他资源的不足都会对学生的行为产生影响。

5. 过程中的休息——如果身体在学习中得不到充分的调整和休息，即便是最有趣的课程，也会变得枯燥无味，因此，要给学生相互交谈和休息的时间，也要给他们思考问题的时间。

6. 对疼痛的害怕——疼痛可能是身体上的，也可能是情绪上的，这两种疼痛都会使学习受阻。教师应该清楚课堂内有哪些情形容易引发情绪上的痛苦，并设法消除这些情形。

7. 去卫生间的需求——有些学生很害羞，不敢提出要求去卫生间，因此教师务必要在恰当的时候安排学生去卫生间。也许有人会利用这个安排钻空子，但教师不能因为有这种担心而阻止学生离开教室。

如果潜在的问题不能归入上面列举的七大原因，可看看是否是由寻求权力、渴望关注、报复意识和自暴自弃这四种动机引起的。在处理行为问题之前，搞清楚行为的性质及其起因，可以使你一劳永逸地、更有效率地应对问题。行为的改变不是一蹴而就的，我们必须帮助学生认清自己的行为，找到积极的途径满足自己的需求。

表 5.1 指导你如何鉴别课堂内的各种行为。

表 5.1 鉴别问题行为

报　复	权　力	自我概念	注意力
损坏财物	拒绝遵守规章制度	情绪化	擅自讲话
打架或欺负	指责	不参与	擅自站起来
争论	对其他同学发号施令	因为做事不成功而迁怒他人	班级活宝
我行我素	试图掌控全班	威胁要退学	制造噪音以取乐

第六章
理解 RCM① 方案 ™②

艾伦·奎恩

鲍勃·艾尔格辛

教会学生三个 R：尊重（Respect）自己，对自己的行为负责（Responsibility），记住他人的权利（Right）。

——罗伯特·奥格辛（Robert Algozzine），摘自《教师智慧小手册》

高中课堂场景

对华盛顿高级中学的社会课老师罗斯玛丽·洛佩兹（Rosemary Lopez）来说，一大早学校里就一片嘈杂声：储物柜的摔门声，学生擦肩而过时的大声招呼，以及走在瓷砖地板上拖沓、纷乱的脚步声。在她的教室对面，莉萨（Lisa）和乔恩（Jon）正站在门后，和前几天一样，抱在一起，十分投入地在小声说话。显然，他们并不在乎学校，洛佩兹女士的招呼声反而让他们的低声耳语变得响亮起来。在这里，对教育的漠视随处可见。

洛佩兹女士把咖啡放在桌上。她很高兴地看到，几乎所有的学生都坐在了指定的座位上——当然，除了莉萨和乔恩，他们还抱在一起，另外还有约科（Yoko）和罗伯特（Roberts），他们在教室后面争论着什么。上课铃响了，洛佩兹女士希望全班同学都能够集中注意力。她让坐在门边的托马斯

---

① RCM 是"有责任心的课堂管理"（Responsible Classroom Management）的缩写。——译者注

② 选自艾伦·奎恩和鲍勃·艾尔格辛所著的《6—12 年级负责任的课堂管理：一项全校性计划》（*Responsible Classroom Management, Grades 6—12: A Schoolwide Plan*），科文书社，2010 年。

（Thomas）去提醒莉萨和乔恩该上课了。托马斯还没等老师叫，就起身离开座位，去完成这项每天早晨都要做的常规任务。约科和罗伯特争论的声音越来越大，洛佩兹女士终于忍无可忍。她尽可能地控制着脾气同他们说话，但还是意识到自己的音高已足以达到威胁的效果。不管怎样，她多少得控制一下。在全班同学紧张的观望中，她不无讽刺地问莉萨和乔恩，他们的婚姻是否开始出了问题。这一招分散了他们的注意力，约科忍不住笑了，乔恩却有些恼火，作为回应，他对洛佩兹女士的族群进行了一番挖苦。班上的男同学们欢呼支持……一切又恢复如常。

洛佩兹女士开门见山，让全班同学拿出上周做过的个人作业。她只希望，在这场较量中，她能险胜并站在正确的一方，即便这种险胜是暂时的。

达蒙（Damon）朝洛佩兹女士招手，想要第一个交作业。洛佩兹女士环顾其他同学，注意到从不主动的他们的表情：孤僻、冷漠。她决定不管他们，不管怎样，她已没有那么多时间浪费在这些学生身上了，没必要让他们对自己一无所知的内容进行理解。

于是，她很快同意了达蒙的要求，她想迅速开始上课，免得有更多的干扰。但是，罗伯特调侃地问，为什么他始终没有第一个的机会。洛佩兹女士意识到她可能让罗伯特感到不安了，便叫达蒙让罗伯特先展示作业。罗伯特说作业是他和约科一起做的。洛佩兹女士回答道，她对小组作业不感兴趣，她希望了解他能做什么，以及已经做了什么。罗伯特这次直接对达蒙报以讽刺。达蒙的好友卡比尔（Kabir）狠狠地盯着罗伯特，洛佩兹女士感到，她越来越控制不了课堂了。

洛佩兹女士继续一个简短的介绍，告诉全班同学她希望如何开展讨论。这个时候，"大喇叭"毫无恶意地广播了一番，打断了她的良苦用心。洛佩兹女士被插播拖延，只能沮丧地从头开始。全班又花上宝贵的几分钟集中注意力。洛佩兹女士叫达蒙宣读他的作文，内容是之前就布置好了的，关于世界人口问题的。她希望这篇作文能让大家投入到她认为重要而紧急的事情中来。

她知道她在碰运气，这个话题在新闻上已经报道过了，而且肯定与世界文化密切相关。几分钟之后，她意识到自己做对了，也做错了。全班同学都在听达蒙宣读，但当他和大家的预想冲突时，大家开始骚动。他们不断攻击他的立场，实际上，还攻击他说的每一句话。

洛佩兹女士意识到她需要制止这场讨论——这已经与她所希望的背道而驰了。这样的讨论，掺入了种族的、人种的和阶级矛盾的思绪。她了解学生们的背景，此外，她能猜出很多人的社会、经济地位。然而，随着她更近距离地观察她的班级，她发现自己并没有真正地了解他们。她不曾有过他们的经历，她不知道，她所面对的那些背景、能力和兴趣爱好都具有非凡的多样性。她该如何应对这种状况呢？她受过专门培训吗？她具备这种技能吗？她能成功吗？要想改善课堂管理、提高教学效率，她该怎么做？

RCM 方案 ™

上述课堂情景展示了当今美国中小学课堂的几个冲突瞬间，也揭示了其复杂的变化和潜在的可能性。毫无疑问，这个形象让人不安，但却是真实的。与十年前相比，社会、个人情况已更加复杂，更不易掌握，更难控制。国家的公立学校接受了这些变化的步伐与尺度，每位老师都处在预期变化过程中的核心。他们似乎在描述一个万能的法宝，能清楚地显示学生在行为、学习变化上所需要的稳定性。正是在这种背景下，我们引入了 RCM 方案 ™。

RCM 方案 ™ 是面向全校的行为矫正方案，能增强学校的办学能力，使之能更加安全、更加有效地教育学生。RCM 方案 ™ 运用基于实证的援助系统，为教学学术和亲社会行为（prosocial behavior）创造最大量的机会。其特征如下（Horner, Sugai, Todd, & Lewis-Palmer, 2005；Sugai, 2000；Sugai & Horner, 2002；Sugai, Sprague, Horner, & Walker, 2000）：

- 运用基于团队的方法对最优化实践进行界定、实施和评价，团队成员包括行政人员、教师、学校心理师、其他援助人员以及学生家长。
- 通过预算、人事及资源分配，保障工作的完善。
- 开展研究验证性实践。
- 关注正面反馈，进行积极的行为教育，教导和规范得体的交际行为。
- 为学生提供机会，对预期行为进行操练，使之养成习惯。
- 若问题趋于严重，则连续提高行为的援助力度，增加行为的干预密度。
- 用数据系统及全校性行为目标来指导决策，就现行的工作方针及行之有效的工作方法对员工进行培训。

RCM 的主要目标是通过培养有责任心的学生，使之能在一个民主的、多元文化的社会里充实地生活，从而最终加强好公民意识。其中包括负责地做事和实施社会可接受的行为。在承担因为行为不当而带来的后果之后，有责任心的学生也会自我改正不得体的行为。威廉·格拉瑟在其《现实疗法》（*Reality Therapy*，1990）一书中，对责任心进行了如下界定：

> 能满足自我需求的能力，同时不妨碍他人实现需求……有责任心的人还会做一些能带给他自我价值感或存在感的事情。（p. xi）

格拉瑟认为，家庭或学校一定要满足学生的某些需求。学生如果行为不当，那是因为（根据格拉瑟的观点）他们的基本需求没有得到满足。如果家庭没有满足那些需求，那么学校就必须尽力做到。因此，学校和教师必须帮助学生完成他们承担的任务——努力获得知识，追求自我价值。自然，如果学生在学校里行为不端，教师就必须想办法满足他们未被满足的需求；如果学生很难适应或者不能有效做事，教师就有必要找到方法去改变他们自身的行为，或者改变课堂的结构和内容，从而最终帮助学生。

和格拉瑟的观点相似，RCM 也假定教师不该尽力去改变学生的世界，不能纵容学生逃避不良行为带来的后果。与改变制度、改变期望不同，改变学校环境可以使学生的自尊不受到伤害。确切地说，教师应帮助学生对问题的起因作出价值判断。如果学生判断出自己行为不良并为之进行改变，他们就学会了负责任。一旦学生承诺改变，之后他要违反这一承诺的话，教师可以不接受他的任何借口。

RCM方案™确保学生不能逃避对不良行为的责任。但这并不意味着教师应就某一行为惩罚或者表扬学生，事实上，这样做反而使学生无法直接从行为中获得责任感。惩罚会让学生关注惩罚本身，并由此产生报复心理；而表扬会驱使学生为一切活动追寻类似的赞许。这两种做法都会使自我激励不能及时产生。因此，教师必须运用逻辑推断，帮助学生改正不良行为，培养他们的责任感。

成为一名成功的 RCM 教师

想要取得成功，RCM教师必须分析他们自己的行为，确定该从何处向课堂注入学生不欢迎的行为和态度。独裁、许可性控制（permissive control）、偏见、对正确教学法的无视、无决断力，以及对RCM目标的不确定，这些倾向一个个都会破坏RCM课堂和学校。

在RCM看来，以强化为形式的外部奖励，甚至偶尔的表扬都会耽搁对有责任心的学生的培养。在动态的、有创意的、自然的课堂中，教师依靠的是一种课堂兴奋，这种兴奋源自教师所激发的学生对于好奇、求知尤其是归属的先天需求。RCM教师从完美的教学准备和实施中获得了稳定行为的重要部分。除了预期的行为带来的顺理成章的结果外，成功的RCM教师还会巧妙地把要求和原则融入教学过程中去。

三个主要的 RCM 原则

RCM方案™融合了许多教育理念，而其中的三个主要原则更能将学生的成功最大化。此处只是简单地列举和解释，至于更多的细节，后面章节将陆续提到，并将详细介绍如何利用这些原则，以和谐的方式使行为实现我们所讨论的理想效果。

RCM方案™的基本原则包括：

1. 在活跃而吸引人的课堂中，通过有指导的讲解和活动培养责任心。

通过课堂管理中的RCM方法，可以培养有责任心的学生，使之能在一个民主的、多元文化的社会里充实地生活。在RCM课堂上，责任感先被讲解，后被期待。无论是教师还是学校组织机构，都应该在教学和领导角色中实施民主原则。平等、尊严、自我价值、各层次的决策参与，以及对行为后果的接受，这些概念都要融入到课程中，并不断被讲授。

学校和课堂的环境以及与之相随的教学努力，都体现了RCM方法。在一个安全而吸引人的环境中，学生有安全感和被保护感，唯其如此他才能安心学习。课堂的体验越是积极，教师就越有机会引导学生培养有责任心的行为。在一个环境友好的班级或学校里，空间和时间的安排、教学材料的形式和呈现、教师的仪态、课前准备的数量和种类，所有这些对于成功都是至关重要的。RCM方法需要教师清楚地陈述所有计划中的课堂活动的目标。这一成果导向的教学方法，要求教师精心准备，并对学生的行为不断作出评价。精确而细致的教学指导，是培养学生有责任心的行为的基础。

2. 用标准、准则以及预期行为来取代死板的校纪班规。

RCM方案™没有定法，教师使用的是标准（standards）、准则（guidelines）和预期行为（expected behaviors）。标准对赞许行为（desirable behavior）的总体方向进行界定，准则为成功达到标准提供特定的方向指引，预期行为则代表着整个年级的水平以及从发展角度看可遵循的得体行为。在RCM课堂上，教师行动敏捷，始终冷静地灌输良好的行为。当学生学会对有责任心的行为进行内化时，他们的自尊开始成熟，并逐渐获得对自身行为的内化控制。

3. 学生在后果中学会对不当行为进行自我纠正，并为自己的行为承担责任。

逻辑后果可以把学生的不当举止与那些对预期行为的破坏、对准则乃至标准的违背等行为联系起来。逻辑后果并非是一种惩罚，而是因为没有按预期要求去做而导致的一种现实结果。比如说，准则规定"学生到校应作好学习的准备"。在阐述该期望值时，教师要求学生每天完成作业，每个学生都必须这样，没有例外。如果学生没做完作业就来上学，对他的惩罚不是给他打低分，而是问他什么时候可以完成作业——课间休息时，中餐时间，或放学之后。学生也许只能在这三者中选择其一，也许还能选择别的。具体而言，如果教师认为原来那个任务无法让这位学生改变他的不当行为，她可以随即布置另一个任务。不过，万一学生以后都不做作业了怎么办？其中一种可能是不断重复后果。重复后果可能会有效果，并证明教师是认真的。不过，如果重复后果没用，那么教师就得采用别的办法来对付这样的学生了。

个别对待

在 RCM 课堂上，学生被认为是一个个的独立体，必须受到公正、平等的对待，但又不能不加区别地对待。没有哪位家长会用同样的方法去管教两位或三位学生。对某个学生来讲，留在房间里就是惩罚，而对另一个学生而言，这反而是一种奖励。可见，管教学生也要因人而异。有了 RCM，教师就能做到这一点，并且与其他方法相比，家长的抱怨也会因此少许多。

RCM 鼓励并承认学生的表现和个人责任心，但它不会使用贿赂和预定的奖励。通常情况下，教师在课堂上都试图用外在的奖励方式来激励学生学习和表现良好。但是，这一过程相当耗时，而且往往会导致学生一味依靠外部奖励去完成那些原本就很重要的事情。与这种方法相对，RCM 在课堂管理中采用高期望以及合理的准则和标准来培养学生的内在动机。

学生需要的是培养内部行为的控制能力，而不是让外部因素控制他们的行为。严格服从规定会使学生无法培养个人责任感，这与 RCM 目标背道而驰。根据众所认可的标准，学生一旦学会了自主行为，他们也就培养了自己的责任心。有责任心的行为不需要强化，也不需要用外部诱惑来促使它不断反复。我们相信，当今许多大学毕业生踏入工作岗位、索取个人权益时所表现出来的问题，大多源于持续不断的贿赂以及完成任务后的奖励，甚至是仅仅做了该做的事而得到的奖励。

用以改善指导和行为的模式

人文主义心理学家亚伯拉罕·马斯洛（Abraham Maslow）和莫迪默·阿德勒（Mortimer Adler）以及认知发展心理学家爱利克·埃里克森（Erik Erikson）、理查德·哈维格斯特（Richard Havinghurst）、劳伦斯·科尔伯格（Lawrence Kolberg）和让·皮亚杰（Jean Piaget）的观点为 RCM 方案™ 奠定了基础。在此基础上，RCM 继承了戴克斯、纳尔逊（Nelson）、格拉瑟研究项目中一些完整的理念，并使之更具有可操作性和人性化。

RCM 基于这样一种理念，即每个学生都要经历几个相同的发展阶段。在很大程度上，这些阶段决定了行为、态度、认知能力和学生在任何特定时间所呈现的身体特征。这些倾向，再加上和父母、姐妹、同伴、老师之间的相互作用，极大地影响了学生采取的行为模式。为了确保学生成长和成功，成为健康而全面的成年人，每个学生都需要无条件的爱、安全感和归属感。

对学生而言，幸福的基本能力就是能够有效可行地解决各种人生问题。在后天行为这一层次，运用 RCM 模式有助于培养他们解决问题的能力。我们必须教会学生分析和解决他们在成长过程中遇到的各种交际问题和学业问题，同样地，我们也必须给他们提供机会，让他们独立而有创造性地探索世界，确立并实现目标，体验建立在自信、自尊及强大的自我概念之上的成功。

RCM 假定，有能力的、负责任的成年人能够教育好大部分学生，使他们在教室、学校以及社区为自己的行为负责，即便这些学生是所谓的"问题"学生，也不论他们的社会经济或家庭历史到底如何。根据 RCM，所谓的"为自己的行为负责"，在某种程度上意味着行为与内化的价值和信仰体系相一致，同时，无论积极或消极，都接受行为带来的后果。在负责性行为传递责任心的过程中，越来越多的学生能对行为进行自我纠正，学会使用内控点，接受自己行为的后果，相比那些责任心较少的学生，他们更能服从准则。不过，不管学生处于哪个连续阶段，他们中的大部分人都能学会对行为负责。真正的挑战来自那些少数学生（在大多数班级中，这些学生只占5%），他们常常表现出易怒、攻击性以及不信任感。他们的不顺从行为具有高度的破坏性，教师往往需要对他们进行特殊处理，才能让课堂教学顺利开展。针对这些学生的需求，RCM开设了重症监护室（intensive care unit，ICU，即离开教室的治疗、隔离及咨询）以及团队领导下的纪律检查委员会（discipline review committee，DRC）（将在本章稍后讨论）。这些举措都是在同家长直接接触之后形成的双重协议，即行为改进协议（behavioral improvement agreements），其中包括与之前计划不一致的行为。在处理诸如隔离、放学后留下、停课甚至是青少年司法体系介入等后果方面，这些举措发挥了积极的作用。

DRC 的功能

针对严重的课堂破坏行为或对教师及学校员工的故意不尊重，教师可启用ICU作为主要的后果教育。学生被带离事发现场，进入ICU，不允许做任何事情，必须安静地坐在那儿反思之前不该发生的行为。去过一次ICU后，教师会找学生谈话，制定措施以免学生重返ICU。大部分学生不会再次回到ICU。DRC包括家长、学校行政人员，主要监督为数不多的第二次、第三次重返ICU的学生。当然，没有学生会第四次被送到ICU，因为此时的后果教育比这个更严厉：在这个阶段，学校会处理全校前10位左右的违纪者。

DRC的成员由校长指定或由学校员工选举产生，负责监督RCM方案™的各个阶段。DRC批准由学校教职员工推荐的学校总体标准及准则，其中委员会主席负责联系教师、学生及应邀参加ICU会议的家长。每一套准则，如在礼堂的、停车场的、自助餐厅的及其他场所的行为规范，如有违纪，都会有具体的、相关的后果，包括员工要遵守的程序。在实施或修改学校计划之前，DRC必须向学校的行政人员和教职员工进行展示。

接下来，不同年级层次和不同区域的教师制定（或采用我们所建议的三项）基于学校标准的课堂准则以及一系列课堂逻辑后果。第一年之后，教师可以见机找些学生参与回顾。这种参与让学生更多地介入决策，并模仿公民参与行为。一旦课堂计划被添加到学校计划中，行政人员和教师就可以开辟 ICU，准备场所，制订监督计划，并派两人全程监督 ICU 的执行情况。关于 DRC 的作用，本书第四章将详细讨论。

对学生而言，幸福的基本能力就是能够有效可行地解决各种人生问题。在后天行为这一层次，运用 RCM 模式有助于培养他们解决问题的能力。我们必须教会学生分析和解决他们在成长过程中遇到的各种交际问题和学业问题，同样地，我们也必须给他们提供机会，让他们独立而有创造性地探索世界，确立并实现目标，体验建立在自信、自尊及强大的自我概念之上的成功。

鼓励改变：RCM 方案 ™ 量表

在全校范围内运用 RCM 方法进行课堂管理之前，反思有关学生以及教与学的各种理念，将有助于明确个人需要掌握的与 RCM 基础原则相关的专业知识和态度。RCM 方案 ™ 量表可以协助完成这个过程，只要你按要求简单地回答"赞同"或"不赞同"即可，如果没做过，就用"不确定"来表示。

量表完成后，将你的结果与我们所建议的"理想回答"进行比较。如果你对所有项目都非常赞同，说明你理解并遵从 RCM 的基本原则及做法；如果你对所有项目都不赞同，说明你要么不理解，要么拒绝 RCM 的原则；如果你的回答是"不确定"，说明你不清楚 RCM 的相关内容和具体表述的意思，也不清楚自己的作用及做法。这一步非常重要，因为潜在的使用者必须理解和赞同 RCM 的推进原则，只有这样，他们才可能去成功实施。通过对回答的分析，你可以判断关注区域，并进一步探究 RCM 的基础理念。

此刻，如果你还没有准备好填写量表，那么不妨先看完其他章节或整本书，再回头阅读吧。量表可供个人使用，也可供负责培训的员工使用，但要记住，它不仅仅是一张量表——它也是一种教学工具。

RCM方案™量表

项　目	评　价		
	赞　同	不确定	不赞同
1. 学生和成年人都经历那些影响他们行为的共同发展阶段。			
2. 教师应忽视学生的不良行为，但如果观察到良好行为时，应以微笑或眨眼作为回应。			
3. 应该教会学生解决问题的方法。			
4. 自信、自尊和强烈的自我概念是在校成功的基石。			
5. "问题"学生或"异常"学生无法学会责任意识，应该同"正常"学生相隔离。			
6. 社会经济及家庭背景不佳，导致学生不可能学会有责任心的行为。			
7. 学生应依靠外部动机来控制自己的行为。			
8. 教师应通过交换特权、趣味活动及相关事件来强化学生的良好行为。			
9. 有责任心的学生能自我纠正行为，学会内控，并接受行为带来的后果。			
10. 教师应给予学生即时而频繁的奖励，尤其当学生刚开始熟悉正确的行为时。			
11. 每个班只有少数学生的不良行为需要特别注意。			
12. 教师应该示范正确的价值观和行为。			
13. 教师应通过正面和负面的强化，修正学生在课堂中的行为。			
14. 教师应仔细监督自己在课堂内的行为。			
15. 教师在纠正学生的不良行为时，应防止学生的自尊心受到伤害。			
16. 当学生因为要求未能得到满足而面有沮丧时，教师应调整自己的行为，满足其要求。			
17. 通过教师的指导，避免学生体验行为带来的后果。			
18. 应允许学生体验他们行为带来的自然后果。			

项　目	评　价		
	赞　同	不确定	不赞同
19. 用权威方法约束纪律可以培养学生的内控力。			
20. 教师不应该关心民主和多元文化价值观的培养。			
21. 教师应该讲授平等、尊严、自我价值以及各层次的决策参与，并融入到课程中去。			
22. 学校及课堂环境对培养具有责任心的学生而言并不十分重要。			
23. 安全而吸引人的课堂与学生的在校成功并没有关系。			
24. 教师应该清楚地陈述他们的教学目标。			
25. 教师应对学生的非同一般的表现进行表扬。			
26. 教师不该因为学生的不良行为而对他们进行惩罚。			
27. 惩罚与后果并不一样。			
28. 鼓励和称赞都将对学生的态度和行为产生积极影响。			
29. 有责任心的学生仅仅依靠外部奖励就能激发学习动机。			
30. 外部奖励是用来控制学生行为的基本工具。			
31. 教师不应该依靠严格的制度来控制学生的行为。			
32. 在处理学生课堂内的不良行为时，动之以情能有效地控制该行为。			
33. 为了统一纪律规则，教师应该密切监督学生。			
34. 学生应该参与行为标准及准则的制定。			
35. 为了让学生喜欢上学，教师应减少消极的后果。			
36. 学生应该质疑教师和学校制定的规则。			
37. 在课堂语境下，不应该期望学生在理性认识内在自我的基础上，获得对问题的解决方法。			
38. 有责任心的行为必须始终通过外部诱因来强化。			
39. 有责任心的学生已对众所认可的行为标准进行了内化。			
40. 强迫学生行为可以让学生对众所认可的行为标准进行内化。			
41. 学生通常不愿意合作，除非被迫这样做。			
42. 在课堂中，学生应该发挥积极作用，积累并实践学习经验。			
43. 理性的、内在的自我是个谜。			

续 表

项 目	评 价		
	赞 同	不确定	不赞同
44. 应该教会学生自主行动。			
45. 教师的举止会对学生的课堂行为产生巨大的影响。			
46. 教师不应该用爆米花、糖果或其他有趣的东西正面强化一个恰当的行为。			
47. 应该允许学生体验他们行为带来的后果。			
48. 为鼓励良好的行为，教师应该设置奖励。			
49. 学生如果能被平等对待，他们也能被公正对待。			
50. 教师应该经常鼓励那些赞许行为，但当这种行为只是被说出来时，应该减少奖励。			
51. 为了能在学校过得充实，学生需要一种安全感和归属感。			
52. 有时候必须要求发生不良行为的学生离开教室，并把他们安置在休息区域。			
53. 为了控制行为，教师应该要求学生重复一个他所不认可的行为，直到他不愿意继续那样做下去为止。			
54. 教师应对学生细小而持续的行为进步给予额外的奖励。			
55. 大多数学生在课堂内不需要严厉的纪律处分。			

RCM 方案™ 量表的答案

赞 同：1，3，4，9，11，12，14，18，21，24，26，27，31，34，36，39，42，44，45，46，47，51，52 和 55。

不赞同：2，5，6，7，8，10，13，15，16，17，19，20，22，23，25，28，29，30，32，33，35，37，38，40，41，43，48，49，50，53 和 54。

展　望

第六章呈现的是类似教师每天必须面对的真实课堂情节，详细描述了关注外部控制模式的传统课堂方案，如恐惧或贿赂等。与之相比，RCM 方案™是一个测试良好的内部控制模式，能让学生纠正不可取的行为。在本章，我们还解释了 DRC 的各种作用和功能。下一章将对构建指导性课堂管理环境的几个步骤进行详细说明。

第七章
控制并疏导愤怒，使之找到积极的表达途径 ①

玛丽莲·古特曼

任何人都会发怒，这不难。但发怒要针对适当的人，发怒的程度要恰到好处，而且发怒的时间、目的、方式也恰到好处，那就不容易了。

——亚里士多德（Aristotle）

愤怒会在课堂内营造一股不愉快的、紧张的暗流。发怒的学生会用身体攻击其他人，口出恶言，并故意招惹同学和老师。教会学生如何控制和驾驭他们的愤怒非常重要，因为这样做可以预防某些纪律问题，也可以维系相互关爱的班集体。

当场平息学生的愤怒

有时候，在学生对自己或他人做出伤害性举动之前，我们必须马上采取行动，平息其愤怒。不过，如果因为学生不够冷静就试图用惩罚手段威胁他以压制其愤怒，或者只是要求他不要发火，这反而可能使问题变得更加严重。事实

---

① 选自玛丽莲·古特曼所著的《爱心教师纪律指南：帮助学生学会自我控制、责任心和尊重，K-6》（*The Caring Teacher's Guide to Discipline: Helping Students Learn Self-Control, Responsibility, and Respect,K-6*）（第三版），科文书社，2008 年。

上，我发现用下面的方法会很奏效，简直令人难以置信。

承认愤怒

有时候，仅仅承认学生的感受以及他或她产生这种感受的权利，就足以解决问题了。难道我们不是经常需要发泄的吗？把情绪从身体内释放出来，本身就是一种很好的治疗方法。我们需要的是，有人承认我们有权利按照自己的方式去感受。不过，承认并且认可学生的感受是很具挑战性的。他们所看到的不公正，在我们眼里就未必如此。但是，他们不会罢手，直到我们无偏见地承认他们的感受。当然，带着同理心去倾听他们并不意味着我们就一定要赞同他们（DiGiuseppe & Tafrate，2007）。

我们不妨看看下面两个情节：

卡拉（Kara）把作业揉成一团，扔到垃圾桶里，踩着脚回到座位上。

卢卡斯女士：怎么啦？

卡拉：没什么。

卢卡斯女士：好吧，小姑娘，要是没事的话，就把作业从筐子里拿出来，继续做。

在这节课剩下的时间内，卡拉一直噘着嘴，一点作业都没做。

卢卡斯女士：好吧，卡拉，这是你的选择。不过如果你再不做作业，等会儿就不能休息了，你必须把作业补上。

现在，让我们看看，一个懂得倾听并承认卡拉愤怒的老师在面对同样的情形时会怎么做。

卡拉把作业揉成一团，扔到垃圾桶里，踩着脚回到座位上。卢卡斯女士走到卡拉的桌子旁。

卢卡斯女士：卡拉，心烦了？看来作业让你很不开心。

> **卡拉：** 是的，烦死了。我的笔尖断了，作业看上去乱糟糟的。
>
> **卢卡斯女士：** 听起来，作业弄成这样子，你一定很尴尬。
>
> **卡拉：** 当然啦，不过我会重新写一张的。

教师承认卡拉的感受并不需要太多时间，但这样做可以避免双方矛盾激化。师生都保全了面子，关系也因此变得融洽。

承认愤怒的几个窍门

- 保持冷静。不要被他们的愤怒左右。害怕学生生气或者被他们的愤怒伤害，这反而给了他们一种占上风的优势。切记，不要对愤怒表达过程中引发的文化差异产生错误理解或反应过度。如果在教师的文化观念中，愤怒需要间接表达，而在学生的文化观念中却是"说出心中所想"，那么她可能会对学生反应过度。所以，一定要保持冷静，不要在心理设防。
- 允许他们表达感受，而不是试图去改变他们。你可以说："原来你感到受伤了。"但不要说："行了，别这样想了。"
- 接受他们的感受，但不要问他们为什么有这样的感受。你可以说"原来你觉得……"而不是"你不能这样想，因为……"或者"你不该觉得受到了伤害，因为……"要不带任何偏见地接受他们的感受。

用问题作引导

虽然有时允许学生发泄或表达感受就足以解决问题，但我们也可以运用倾听手段来帮助和引导学生找出解决问题的方法。我们的倾听可以变得更主动，可以将我们的感受反馈给他们，并告诉他们我们在听；我们也可以用引导性问题进行提问，比如"这个问题会是什么呢？""你觉得你能做什么？""你认为哪一种方法最有效？"在第八章，我们将详细讨论这种解决问题的方法。

假设在以下情景中，学生刚刚休息好回到教室：

鲍威尔（Powell）先生： 请大家坐好，现在开始动笔在本子上写。

有几个学生仍然在教室里晃来晃去。

鲍威尔先生： 我从 1 数到 10，如果你们还没坐好，下一次你们就只剩下 5 分钟的课间休息时间了，这样，你们回到教室时才会安安静静。

老师数到 10 时，拉塔尼（Latanya）仍站在桌边。

鲍威尔先生： 拉塔尼，下次课间休息，你欠我 5 分钟。

拉塔尼： 这不公平！

拉塔尼无精打采地趴在桌上，噘着嘴不高兴。

鲍威尔先生： 我很公平了，已经给过你警告。所以你没有权利生气。坐好，赶紧开始写。

拉塔尼压着嗓子低声说着脏话，本子上一个字也没写。拉塔尼和鲍威尔先生之间的下一回合较量即将开始。

本来，教师想压制拉塔尼的愤怒，可结果却使纪律问题变得更为严重。我们来看看，如果鲍威尔先生让拉塔尼一吐为快，局面会怎样被缓和：

鲍威尔先生： 拉塔尼，等会儿课间休息时，你要补上浪费的时间。

拉塔尼： 这不公平！

拉塔尼无精打采地趴在桌上，噘着嘴不高兴。鲍威尔先生走到拉塔尼桌边，蹲下来。

鲍威尔先生： 我知道你很难过。

拉塔尼： 我又没做错什么。我每次都是站着拿出抄写本的。

鲍威尔先生： 之前你没时间拿出来吗？

拉塔尼： 没有，这得花时间。

鲍威尔先生： 我很好奇，为什么你觉得自己要比别人花更多的时间？

拉塔尼： 我想说，因为我一边拿本子一边同凯（Kay）说话。

鲍威尔先生：下一次你怎样才能让自己做得快一点？

拉塔尼：我会同凯说，我把本子拿出来后再说话。

鲍威尔先生同意拉塔尼了吗？当然没有。很多时候，在我们看来，学生的愤怒似乎是无理取闹，甚至是愚蠢可笑的，同意他们会显得很荒谬。我们要做的，是给他们一个出气筒，让他们发泄心中的愤怒，然后再引导他们解决问题。

当孩子情绪激动或者失控时，我们可能无法做到承认他们的愤怒并用问题去引导他们。此时，身体语言会帮助我们让局面平静下来。关键是，我们不能表现出一副威胁的样子。以下是几条有针对性的建议：

- 双手放在孩子看得见的地方，这样他们就不用担心我们背后有什么东西。
- 双手展开，手心朝外，表示我们并没有在威胁他们。
- 尊重孩子的个人空间，保持合理间距至 3 英尺，以使他们对我们的恐惧最小化。
- 避免虎视眈眈，任何人都不要表现出好斗的样子。
- 不要表现出强势。有必要的话，蹲着或坐下，和孩子保持同一个高度。
- 除非我们必须动手制止孩子伤害自己或他人，否则，尽量避免身体接触。如果不得不接触孩子，肩膀和手腕是最有效的部位。（Polowy, 1992）

帮助学生控制愤怒

我们刚刚讨论的是如何处理现场突发的愤怒情绪。现在，我们来探究下如何把这种怒火降到最低程度。谁都会有发怒的时候。愤怒，正如快乐和悲伤一样，是人类的一种正常情绪。因此，正如人们无法控制他们的快乐、喜悦、悲伤或沮丧一样，他们也无法控制自己的愤怒。愤怒只是情感，它既非好东西，也非坏东西，是"好"是"坏"取决于我们处理愤怒的方法（Prothrow-Stith & Weissman，1993）。尽管如此，任何人，包括学生，都没有资格采取愤怒的举动，比如骂人或打人。现在，让我们探寻如何帮助学生在三步之内学会表达自己的愤怒，同时为愤怒找到积极而又无伤害性的疏通途径。

心理学家海姆·吉诺特（Haim Ginott）曾经说过，教人游泳，不该是在他溺水的时候，教人控制愤怒，也不该是在他发怒的时候。最好是找一个安静的时刻，介绍这些步骤，直接教会他们。当然，我们也可以将这些技巧穿插到日常生活中去，或者融入到课程之中。

第一步：意识

自我意识

有人撞了安迪（Andy），他一恼火就挥手打了过去。莉萨一感到委屈，就会骂一堆脏话。雷拉（Rella）生气的时候喜欢扔东西。对这些孩子来说，为了能改掉现在的行为，学会用另外的方式表达愤怒，他们必须弄清楚什么时候自己的一股火会上来，这样他们就能在"发火"之前控制好自己。正如我们能够教会患糖尿病的孩子读懂身体信号，察觉到胰岛素休克就要开始，我们也能教会孩子读懂身体信号，察觉到愤怒即将爆发。

我们的身体会用一些特别的方法告诉我们何时会愤怒、何时会失去控制。肌肉紧张、咬牙切齿、攥紧拳头、满脸通红、鸡皮疙瘩突起、发抖、哆嗦、抽搐、冒汗、体温变化（发热或发冷）、大笑、大哭以及沉默不语，这些都是身体发怒的信号。如果学生能学会识别这些愤怒的信号，他们就能够在愤怒情绪裹挟他们之前有所察觉，并停下来思考对策。

许多研究项目证实，我们必须越来越重视愤怒情绪对于身体和行为的负面影响。

文献：讨论包括这些问题——"当一个人愤怒时，你觉得他会变成什么样子？""怎样描述他的表情？""说说他的身体会有什么样的感受。""想想看，你是否也有过那种感受？""想想看，你的身体有什么样的感受？""你觉得你发怒时是什么样子？""你怎样才能弄明白自己要发怒了？"除此之外，还可以参考一些书籍，如朱迪丝·维奥斯特（Judith Viorst）的《亚历山大和可怕的、恐怖的、不好的、糟糕的一天》（*Alexander and the Terrible, Horrible, No Good Very Bad Day*），朱迪·布卢姆（Judy Blume）的著作，以及哈利·波特系列，这些都是讨论愤怒及其他情绪的不错起点。

写作：记下个人愤怒的经历，包括导致愤怒的原因、最抓狂的时刻、宠物的焦躁等，这些经历不仅可以帮助学生提高写作水平，也能帮助他们妥善处理人际关系。当然，他们可以选择不与班上同学分享自己的写作成果。

交往研究：探究不同的人对愤怒的不同表达，这对学生来讲很有教育意义。有些文化不鼓励对愤怒的外向表达，而另一些文化则鼓励情绪的自然流露。围绕愤怒，也可以讨论一些全球性事件，如愤怒是如何引发战争的。

过渡时间：像猜字谜、拍照、对着镜子做鬼脸这样的活动能够提高孩子们对身体的反应意识，也是一种很好的过渡时间活动。

通过这些课程活动，学生能识别自己的愤怒信号，并察觉出何时会失去控制，以便停止做出将来令自己后悔的事情。

对他人的意识

除了在发怒之前无法控制住自己，学生还有许多令人棘手的纪律问题，这些问题都是因为他们没有读懂彼此："你看上去好像要打我。""看得出你对我很生气。""别侮辱我。"很多时候，即便其他人是无心的，学生也会觉得受到了怠慢。在他们的想象中，同伴比自己更具有敌意，中立也是一种威胁（Lochman, Dunn, & Klimes-Dougan, 1993）。正因为如此，学会读懂他人非常重要。培养自我意识的活动同样适合于培养对他人的意识。通过这些活动，学生能够学会如何观察、如何停止、如何判断局面、如何三思而后行。

第二步：凝神静气

这一步是用来帮助学生缓和情绪的。愤怒的情绪和举动会很快升级和加剧，它会自我滋养，若不加抑制，会像雪球一样越滚越大。因此我们有必要帮助学生保持冷静。可是，你还在火冒三丈，有人却要你冷静，这会出现什么样的结果？通常，这只会火上浇油。"我为什么要冷静？我有权不高兴。""别对我指手画脚。"因此，我们不要简单地告诉学生要冷静，而是要指导他们凝神静气的具体方法。

身体运动：运动可帮助人们消除紧张。一旦运动停止，身体就会回到较低的兴奋程度。分腿跳跃、跳绳、跑步以及活动筋骨，都是彻底的放松形式。当然，在上课过程中，这种锻炼就行不通了，但总还有其他时间可以行得通。

隔离：有时候，暂时离开引起愤怒的环境是很有好处的。许多教师发现，设置一个休息区域，可以帮助学生静心反思。这种休息区域的设计目的，是让学生能暂时离开热点现场，整理头绪，并最终平静下来。我们可以告诉学生，这个区域是管理愤怒情绪的辅助设施，而不是惩罚手段。如果因为学生有愤怒情绪而对他们实施惩罚，只能使他们更加恼火，更加敌对，也更加心怀怨恨。

分散注意力：听听音乐、看看书、乱涂乱画、写点东西，这些做法能阻止愤怒像雪球一样变大，能转移注意力，而且这些活动本身就使人平静，可以替代休息区域。

舒缓运动：做深呼吸，然后从 10 开始倒数，这是孩子们在教室里凝神静气的简易方法。所有学生，而不仅仅是愤怒异常的学生，都能从这些技能的学习中受益。另外，轻轻地前后摇动椅子，或者抱一个毛绒动物（即便是高年级的小学生），也能熄灭愤怒的火苗。

建设性活动：建造或制作某样东西对某些孩子来说也很有帮助。手工操作使双手忙碌，可以很好地分散注意力。揉搓和摆弄像粘土这样的有形物体能释放负能量。我们可以在休息区域放置粘土和其他建筑材料。

注意：不要建议学生用击打枕头、吐槽或大声喊叫等方法使自己冷静下来。有人以为，这些方法可以帮助孩子发泄体内的怒气。但是目前的脑研究不建议使用这种强力提高情绪脑的兴奋程度的做法，因为这样做只能让人更加愤怒（Tice & Baumeister, 1993）。我们的目的，是让学生足够冷静，能够用理智的方法表达自己的愤怒情绪。

第三步：谈论并标记他们的情绪

这一步教会学生如何积极地表达愤怒情绪。一旦学生冷静下来，他就应该有清醒的思路，可以用语言去表达情绪，并尝试解决问题："恐怕我刚才做错了。""他们取笑我的时候，我有点不知所措。""我觉得该得到贴花的是我，而不是他。"通过一边聆听一边反思，我们可以整理出他们的情绪，并引导他们对隐匿在愤怒表面下的初始情感进行标记——这些情感，也许是嫉妒、紧张、孤独、沮丧，也许是失望、尴尬、害怕、焦虑、耻辱或悲伤。

愤怒就像个毯子，能掩盖许多其他情绪。孩子因为题目做错了，就撕碎自己的讲义，这种暴躁情绪的背后到底是什么呢？是害怕失败。孩子一旦被捉弄，就大打出手，他到底有什么感受？是窘迫，是无助。因为郊游被取消，学生就气呼呼地要发作，这到底是为什么？是失望。通过一边聆听一边反思，我们可以引导愤怒的孩子明白这些观点："看来你很担心，如果你做错了，你就会不及格。""不能继续郊游，你肯定会很失望。"

小结：驾驭愤怒情绪

我们要作好心理准备，课堂上肯定会出现愤怒的情绪。除非我们帮助学生积极处理，否则可以想象，愤怒就像一门没有约束的大炮，无法被我们控制。

- 识别自己及他人的愤怒迹象。
- 学会凝神静气的方法，缓解情绪。
- 用非伤害性的方式说出藏匿在愤怒之下的初始情感。

这样一来，我们就能防止许多潜在的纪律问题了。

防止学生发怒

学生愤怒情绪的核心，大多是一种无能为力。理解了这一点，我们就可以在课堂上赋予学生以能力感，而且这样做，能在第一时间防止某些愤怒情绪的爆发。

明白学生愤怒的原因

有些学生一踏入教室就感到不爽，他们的火气会越来越大。但事实上，他们的发怒与老师和同学毫无关系，他们只是在课堂之外的生活中感到无助和无望而已。愤怒就像个幌子，掩盖了他们在感到威胁时的无能为力感。对危险的意识，无论是来自对身体的真实威胁还是来自对自尊心的象征威胁，都能触发愤怒的情绪。

虐待儿童

受过虐待的孩子更容易发脾气。事实上，在受到他人故意伤害时，愤怒难道不正是一种正常的、健康的反应吗？可是，受虐待的孩子怎么可能向虐待他们的人表达愤怒呢？如果这样做，他们会面临进一步受虐的危险。于是，他们把愤怒深埋在心里，让怨气在其中翻滚，并伺机把教师和其他同学当作"安全"的出气筒。

社会愤怒

阶级和种族歧视使得许多人难以获得成功。有些孩子反复给自己灌输这样一个信念，即整个平台对他们十分不利。许多人似乎始终显得烦躁易怒。他们相信，这个"体制"，包括老师在内，总是与他们过不去，他们没有任何希望可言（Prothrow-Stith & Weissman，1993）。另外，他们也感到无能为力、先天不足。

创 伤

许多孩子遭受过重大的创伤损失，如失去双亲或兄弟姐妹、目睹暴力、亲历事故等。对创伤损失最常见的本能反应就是愤怒，因为受害者根本无法阻止悲剧的发生。

正常情况

即便没有上述这些包袱，孩子也常常会有发怒的反应，尤其是当他们感到无助的时候——害怕失败、被人奚落、遭遇不公正待遇、怀疑受到欺诈、不被允许表达情绪，等等。有些人超级敏感，对任何批评都采取过激反应；而大多数人，无论是成人还是孩子，都是在感到权力被剥夺时才表现出愤怒。

赋予学生权力

由于无助、无望成为大多数学生愤怒情绪的根源，因此，我们应探究如何组织课堂才能赋予学生以权力。通过给学生提供积极的权力资源，同时避免让他们感到无助的情形，我们可以大大降低学生触发愤怒情绪的可能性，尤其是当他们被额外的包袱拖累时，另外，我们还可以避免许多发生在学生身上的日常烦恼。积极的权力资源有如下几种：

选 择

让学生在可接受的选项中选择，既能让我们实现控制的目的，也能赋予学生一种权力感和控制感。他们可以选择，但仅限于我们所选择的内容，我们界定了其中的范围。那么，有哪些权力既能让学生作出选择又符合我们的目标呢？

- 晨间课堂作业的完成顺序，以及参考书单上的阅读顺序。
- 在原则和基本范围给定的前提下，确定写作的内容，或者午餐时和谁坐在一起。

- 在几个郊游方案中选择一个喜欢参加的。
- 在几个建议话题中选择想要研究的那个，并确定自己的顺序。
- 采用哪个社区服务项目。
- 美术作品采用什么样的表现方法。
- 在报告中如何展示对主题的理解（直陈式的口头报告、歌曲、诗歌、小品、录像或视频）。

发　言

让学生在课堂上发言，并重视他们的意见，这是另一种给学生赋权且能阻止他们愤怒情绪爆发的手段。彭妮·欧发德（Penny Oldfather）借用了"尊崇的声音"（honored voice）这一术语，亦即聆听学生，并关注他们的话语（Oldfather，1993；Oldfather & Thomas，1999）。如果我们不关心学生的话语，他们就会觉得没面子或者未受到尊重（用他们的话说，这叫"鄙视"）。学生遭到鄙视会怎么样呢？他们会因为愤怒而大打出手。为什么呢？因为愤怒是他们用来保护受伤的自我的力量。好的学校，一定是孩子们能受到尊重的地方（Kohn，1998）。

让学生发言，是否意味着学生有最终的决定权？完全不是。恰恰相反，这只是意味着我们愿意考虑他们的意见：

- 我们会反思如何融入他们感兴趣的主题。
- 我们会阅读他们的写作并认真作出反馈。
- 我们会理解他们的情绪，不管是积极的还是消极的。

是的，我们会尊重他们的声音，聆听他们的想法，但是课堂内最终的决定还是由我们老师来作出。

责　任

我们能给予学生的最有力的权力工具之一便是责任。齐姆林（Zimrin，

1986）分析了那些在孩提时代就遭受虐待的人群的特征，他们中的一部分人长大后过着正常人的生活，另一部分人的生活则很不正常。齐姆林发现其中一个重要的变数是，大多数健康长大的人在童年时代就已经承担起了责任。其他一些重要研究也证实，强烈的责任感能极大地提高恢复能力（Werner & Smith，2001）。责任能赋予人以生活的力量，当我们怀有这股力量时，我们就不大可能再去发泄我们的怒火，再去造成破坏。

需求帮助

许多教师发现，需求帮助（required helpfulness）是一种能成功疏导行为的好方法（Rachman，1979）。7 岁的托妮（Toni）是又叫又踢地被带进伯纳德（Bernard）老师的一年级班里的："我讨厌上学，我要回家，让我离开这鬼地方！"托妮已经在其他两所学校上过学，在那里，由于她的暴力行为，她每天都有大部分时间被隔离在休息室里，甚至还被留级了一年。可以想象，对伯纳德老师来说，这简直就是一个噩梦，既要对付这个孩子，又要顾及其他学生。不幸的是，我们许多人都处在相同的困境之中。

为了让托妮适应班级，伯纳德老师采取了需求帮助方案。她特意在其他学生进教室 10 分钟前，在教学楼前接上托妮。她们一边走一边聊天，到了教室里，伯纳德老师给托妮布置了一些简单的任务，如分发作业、削铅笔、擦黑板等。每天，她都会定时叫托妮帮她的忙。托妮感到了被需要，感到了自己的重要性——她感到了一种力量。仅仅几周，这个需求帮助，加上伯纳德老师平静而关爱的教育方法，使托妮的行为发生了奇迹般的变化。

我们怎样才能给纪律问题最严重的人派点事情做做呢？谁知道他们一出教室又会惹什么麻烦？但就是这些学生，能从我们派给他们的任务中受益最多。我们可以将一个有纪律问题的学生和一个能管住他的学生配对，让他们一起跑腿做事。有时候，我们不能让学生跑出我们的视野范围，如果真有这种情况，我们就得让这个学生在教室里做帮手，发发讲义或者其他材料、削削铅笔、给班级宠物喂食、擦擦黑板、收收作业、装订些材料、设计下布告栏、布置一下学习区域，这些都是他们能在班级里完成的任务。

要想改变孩子，不妨发挥他们的优势。贾斯汀（Justin）是班上一位主要的捣蛋鬼。他总是模仿身体现象，发出声音干扰大家，并煽动其他同学一起模仿，甚至还在操场上挑事打架。他似乎很好斗。有一天，科学课开始介绍海洋，贾斯汀的眼睛放光了。他对鱼很着迷，读过很多这方面的书籍。他甚至还在互联网上对鱼进行了研究，并同一位海洋生物学家有过交流。贾斯汀的老师抓住这个机会，利用他的兴趣为他提供需求帮助。她让贾斯汀给全班准备一堂课，并成为班级的常驻专家，如果有同学想了解海洋信息的话，都可以过去找他。另外，她把水族箱搬进教室，指定贾斯汀维护和喂食。很快，其他老师也向贾斯汀请教他们班里鱼的问题。这样一来，贾斯汀再没有时间和需求去用负面的方式吸引别人的注意力了。

同伴助手项目（peer helper programs）也能通过让学生感受到被需要而转变他们的行为。如果我们要求一个大孩子去辅导一个小孩子，一名差生去帮助一名更差的学生，或者让一位麻烦大王成为班长，他们获得的正能量会驱使他们远离狂怒的不良行为。除此之外，社区服务也能帮助学生感受到正能量。总之，学生一旦把精力投入到对他人的帮助中去，他们就不大可能在课堂上发泄他们的怒火了。

意识到权力较量

教师一旦卷入和学生的权力较量，不管是谁，一定都会十分恼火。作为教师，我们觉得应该掌控一切，但同时，我们的学生也在努力坚持自己，确立自己的独立身份和地位。如果我们把他们逼到绝路，他们就会在愤怒中反击——要么在那一刻，要么在日后。如果我们不给他们体面的方法使之全身而退，如果我们没有维护他们的尊严，他们一定会挑衅到底。

比利（Billy）在讲话，这让老师很烦。"马上站到外面去！"老师命令道。比利坐着不动。"马上出去！"比利仍然坐着。"马上出去，否则我把你拉出去。"

比利还是一动不动。老师试图动手拉比利，比利不肯起来，并叫老师把手拿开。所有的学生都在观看，一直到有人把校长叫来处理这场骚乱。想想看，这个事件中，谁受损了？

愤怒可以因为危险感而一触即发。如果学生觉得陷入了困境，如果他们觉得没办法挽回面子，只能在他人面前牺牲尊严和形象，他们就会与我们对着干，在愤怒中发作。虽然我们可能会对这些孩子进行惩罚，但我们自己同时也成了受害者。这不值得。事实上，教师本来可以用很多别的办法，比如说，如果我们语气坚定，使用第一人称，效果就会很不错："教室里有噪音时，我会分心，没法把注意力集中在讲课上"；"我很在意有人在私底下讲话，因为有些孩子会听不见"；"我担心，你一讲话就会漏掉对这个概念的理解"。或者教师可以直接说："比利，我知道你可能已经听明白了，但是其他同学还不懂，你讲话会干扰大家的"；"比利，请不要讲话，这会让人分心"。教师也可以给比利布置点任务："比利，讲话让人分心，你怎样才能做到不这样呢？"（有关这个问题的更多解决方法的讨论，请参阅第八章）或者"比利，请找一个位置坐下，别再讲话了，干扰太大"。所有这些方法都清楚而坚定地传递了一个信息，那就是：这个行为必须停止，不要为此陷入权力较量之中。

驾驭自己的愤怒

我们也是人

教学当然会充满压力。有些学生把我们推到了底线。很少有老师从未气得像维苏威火山那样要爆发。但是，尽量保持冷静吧，学会积极地疏导自己的愤怒情绪，只有这样，我们才能身先示范教育好学生。

如果我们身先示范，用积极的方式表达我们的愤怒情绪，我们的学生就会对照我们的行为进行模仿。如果教师自己发怒，学生就有可能行为不正，这也是教师情绪的映照。对某些孩子来说，教师是他们生活中唯一的正面榜样。如果我们不能在他们面前示范出成年人是如何积极表达愤怒情绪的，那么，他们就可能永远看不到这种可能性。让一个受惊吓的孩子平静，我们自己必须先平静下来（Perry，2006）。

突发情绪会引起所有学生的不安与焦躁。对于来自混乱家庭（chaotic homes）的孩子来说，我们在情绪上的爆发会引发他们的躯体神经反应，并导致极度亢奋、具有破坏性、不守规矩的行为。另外，那些对突发情绪不适应的学生以及在家中受到溺爱的学生，也会极度惊慌。恐惧影响到大脑，并让人很难思考（Noteboom，Barnholt，& Enoka，2001）。反过来的情况也一样：当人们心情愉快时，他们的思考能力更强。所有的孩子，如果想要举止得当、愿意学习，都需要平静的、身心安全的环境。

我还没有碰到过一个不会发怒的教师。教师也是人啊！我们有权感受各种情绪，包括愤怒在内，就像我们的学生也有权感受他们的情绪。如果我们希望成功地教会学生积极表达愤怒，我们自己就必须做到这一点。学生学习的途径之一就是模仿教师。对有些孩子来说，教师是他们唯一可以模仿得体举止的成人对象。

压　力

我们教师的压力来自四面八方——行政人员、立法者、家长、社区和孩子们。在这种背景下，谁能避免偶尔发怒、被利用、不知所措？即便是学生的正常行为有时候也会惹恼我们。我们不再冷静，是因为所有要做的事情快把我们给压垮了。有要分级的考试、有要参加的会议、有教案要写、有家长要安抚、有行政人员要讨好——大家都忙得没时间上厕所了！听说泌尿科的病人大多数是教师，这有什么好奇怪的！从来没有一刻钟能让人休停。刚刚以为有一分钟可以自由了，马上就有事情冒出来。在这种情况下，教师对学生可能会失去耐心，哪怕他们只是做了些小坏事或者只是行为幼稚了点。他们的行为，是压垮骆驼的最后一根稻草。

挫　折

时代变了。现在，班上有情感问题、行为问题和学习障碍的学生似乎要比以前多很多。暴力（不管是现实生活中的还是模仿的）、对儿童的虐待和忽视以及家庭破裂等问题，导致许多学生在学习时无法集中注意力。有时候在课堂上，这些学生两眼发呆，于是我们只好再解释一遍，可他们仍然是目光呆滞。我们用尽了办法，却只能遭遇更多的干瞪眼。这种情况几乎不可能有所突破，真是令人丧气！我们感到了无助与失败："为什么我没法让他们听话？""为什么他们让我这么烦？"

难怪我们很生气！这虽然不是孩子们的错，但也不是我们的错啊。我们不可能同时成为心理学家、社会工作者和教育工作者。就像孩子们一样，无助、无能的感觉会让我们生气和发怒。

日常琐碎

有时，即使孩子们的行为很正常，他们照样也会激怒我们。这是为什么？有的时候，是因为他们的行为让我们害怕。比如说，他们在操场上做危险动作时，我们就会因为担惊受怕而对他们发火，这是我们本能的感受；他们打架斗殴时，我们经常觉得无可奈何，总担心有人会受伤，于是我们又发火了；当我们有一大堆事情要做，眼看最后期限就要到来，而他们还在磨洋工，这又让我们怒火中烧；他们做白日梦时，我们还得给他们一遍一遍地反复讲解，这也令人心烦。他们的行为就算很正常，也未必会让我们心安，何况正常的孩子也可能会行为不端。这就是孩子的世界。他们偶尔犯点错误是很正常的，而我们对他们感到心烦甚至恼怒也一样是很正常的。

来自私人生活的包袱

"妈妈，伦普金（Lumpkin）老师晚上睡在哪里？学校里没有床。"不管幼稚园的孩子会怎么想，我们都有课堂之外的生活，那里寄予了我们的责任、欢乐和担忧。当我们与所爱的人争吵，或者为某个人的健康而担心，我们很难不把这种情绪带进校门。在这个时候，我们可以明确地提醒学生："今天我有点累，你们走路轻一点"；"今天我有点心烦，虽然和你们没关系，但是我会很容易情绪化"；"今天我感觉不舒服，非常感谢大家额外关照"。这样的沟通不仅能帮助你熬过这一天，也能帮助学生培养情商中重要的一个方面：同情心。

来自我们过去的包袱

有时候，学生的行为会触动我们求学时的痛苦回忆。有句老话说："石头和棍子能打断我的骨头，可给我取绰号却怎么也伤不到我。"这可是一句彻头彻尾的谎言。绰号能够给我们带来伤害，并且是深深的伤害。我们许多人一听到孩提时的绰号，仍然会感到不知所措。因此，当听到学生用伤人的绰号呼唤别人时，我们会火冒三丈："别再让我听到你这样叫他！怎么能这么刻薄呢？再这样叫，我就罚你！如果我们这样叫你，你会怎么想？"可是，我们的过度反应反而让那个被叫绰号的受害者情况更糟。现在，大家可能都叫他为"老师的走狗"了。所以，在阻止叫绰号这个行为时，我们必须保持冷静。有时候，我们会觉得现在的学生侥幸逃脱了我们当年无法摆脱的麻烦，于是，我们变得有些不满，甚至有些嫉妒。

我们同样背负着文化的包袱。在某种文化里完全正常的行为，到了另一种文化里，可能变得陌生甚至会得罪人。我们同孩子谈话时，如果他没有看着我们，我们就会很恼火，因为在我们看来，这是很没礼貌的。而在某些文化中，说话时盯着大人的眼睛反而被认为是失礼的表现。

如果我们反应过度，就不妨作些自我分析：为什么这件事让我这么心烦？这件事是否让我想起了童年往事？我们可以试着提醒自己："今非昔比，我已不再是个孩子。这些孩子既不是我的家人也不是我的同伴。"另外，有些老师发现，向一个可信任的、没有情感纠葛的同事诉说这些状况，也会十分管用。理解并放下童年的包袱，有助于我们在面对挑战性纪律问题时保持清醒的头脑。

驾驭愤怒

愤怒本身并不是坏事，关键是你怎么处理它。如果愤怒情绪能用一种积极的、非伤害性的方式表达出来，它就可以成功地改变行为。现在我们来看看，如何驾驭愤怒情绪才能使课堂发生积极的改变。

第一步：注意身体信息

"我要疯了。""我很气愤，心跳每分钟一英里。""我都要气哭了。""每次我不高兴时我就磨牙。"当我们发怒、即将失控时，我们的身体会以一种神乎其神的方式让我们有所觉察：发热或发冷、肌肉紧张、攥紧拳头、磨牙、冒汗、大笑、大哭、心跳加速、头痛、浑身发抖或哆嗦、身体僵硬、抽搐，以及沉默不语。倾听身体的信息，能让我们意识到自己体内不断上涨的愤怒情绪，并在它变得严重乃至失控之前驾驭它。

第二步：凝神静气

一旦我们听到身体发出我们即将失控的信号，我们就应该试着凝神静气，并让学生了解我们要做的这几步：

- 可能的话，离开现场。也许可以到大厅门口站几分钟，或者打电话让专业辅导人员来代管一下。有一位幼儿教师坐在她称之为"力量之椅"的摇椅上，告诉学生她很烦，需要摇几分钟让自己平静下来。她这样做，不但有助于解决当下的问题，也给学生起到了行为示范的作用。
- 深呼吸，数到 10，再从 10 往回数，或者在脑海里数。有时候，哪怕在教学过程中，我们也可以这样做。让学生知道我们在干什么也没关系，他们会发现我们也有情绪，但我们能用积极的方式表达情绪，并希望他们也能效仿。
- 用两只手做点事情：摆正课桌，写点文字，或者把手放到嘴边，提醒自己不要说出令自己后悔的话。

- 锻炼是一种极大的放松，虽然在教学过程中不可能做到。你有没有注意到，每天锻炼能很好地帮助你减压？

第三步：用言语进行表达

采取第一人称的叙述角度（I message）可以帮助我们以一种无伤害的形式表达自己的情绪，同时又能让学生改变他们的行为。记住，我们的语调、措辞都在传递着信息，我们应肯定而直接地表达我们的意思。如果我们面带微笑告诉学生我们很生气，他们就会模棱两可。现在，我们来回顾一下用第一人称构思信息的几个步骤（已在第五章讨论），看看如何将这个方法当作一个规训工具来使用。

不带指责的"当……时"（when）：我们可以用它来描述我们期望改变的行为。对 when 的描述要具体（当时所发生的事），这样才能清楚明白地告诉学生他们需要改变什么、怎么去改变，同时也要鼓励学生，让他们感到自己真的可以改变，而不再是原地踏步。"你总是……"或"你从不……"这样的说法暗示着事物永远不会改变，而"今天……"或"我刚刚注意到……"这样的说法，则可将事件缩小到一个可控的时间范围内。

只谈具体的事件，而不把所有的"前科"牵扯进来，这一点有助于我们解决问题。如果我们聚焦于手头的事情，学生就不大可能像对待一张坏唱片那样对我们不理不睬。可是，如果我们说"我给你们讲过一遍了，这就等于我给你们讲过几百遍"，学生会怎么反应？他们会翻翻白眼，然后想："她又来那一套了。"

另一个关键是不能用手指戳着学生，用指责性的语气说"你"，这样容易使他产生戒备心理。你可以说"看到地上有讲义时，我觉得自己被耍了"，而不是"你们这些笨蛋"，你也可以说"当班上有窸窸窣窣的声音时，我就会心烦意乱"，而不是"你们太吵了"，如果学生感到自己受到攻击、处于守势，他们几乎是不可能听我们的话的。

"我觉得……"：通过这样的言辞方式，我们可以将隐含在愤怒底下的初始情绪用语言表达出来：担心、沮丧、受伤、不知所措、受辱、背叛、恐吓、失望、焦虑、难过、关心、紧张，等等。"我担心，如果再有干扰，我们的任务就完不成了。"学生通常不会考虑到我们的感受，有时候，他们甚至忘记了我们也有感受。在触及自己的感受时，有些学生会非常敏感，但当触及他人的感受时，他们又会变得很不敏感。当然，这也是一次机会，可以培养他们对成年人的同理心。也许学生对我们的做法会很不赞同，但他们无法反驳我们的感受，正如我们也无法反驳他们的感受那样。如果我们说："我很失望，我不在教室的时候你做得不好。"他们不可能说："不对，你没有失望。"也不会说："不对，你不该有那样的感觉。"

"因为……"：通过这样的言辞方式，我们可以向学生解释我们为什么会产生那样的感受，以及他们的行为如何明显而具体地影响了我们。我们有充足的理由产生这样的感受，因此这样做并非矫情，而是表示我们有权利表达我们的期望。我们要让学生明白，我们期望得到一种改变，这是合情合理的："我很担心，因为我们今天可能没时间踢足球了"或者"我很生气，因为我没法集中注意力"。如果学生听我们这样说，他们脑袋里会有什么念头？一般来说，他们会想："快，快点，这样就可以出去玩球了"，或者"我最好安静，这样老师就能集中注意力了"。我们的"因为"，往往使他们停下来思考自己节外生枝的行为，并决定到底该怎么做。

愤怒能够激发我们去进行改变。通过驾驭愤怒情绪以及使用第一人称进行叙述，教师可以利用愤怒去解决甚至预防一些纪律问题。第一人称的叙述能让学生明白我们到底有什么样的感受、为什么会有这样的感受，也能让他们明白自己可以做点什么。

要点小结

- 教师和学生都有权利表达各自不同的情绪，包括愤怒。
- 我们可以通过某些手段来缓解学生的愤怒情绪，如认可学生的情绪，让他们用言语表达出来，引导他们解决引发愤怒的问题等。

• 学生和教师可以学习如何驾驭愤怒以及如何用积极的方式表达愤怒。

• 某些愤怒情绪可以通过在课堂内给学生提供正能量得以缓解。

• 驾驭愤怒的第一步，是确定我们何时发怒或他人何时发怒。

• 驾驭愤怒的第二步，是想办法凝神静气。

• 驾驭愤怒的第三步，是用一种积极的非指责性的方式与学生直接交谈。

第八章
避免非输即赢的权力策略 ①

简·布鲁斯坦

我拥有让一个孩子的生活痛苦或幸福的权力。我可以成为折磨人的工具，也可以成为激励人的工具，我可以横加羞辱，也可以顺其自然；我可以伤害他们，也可以为他们疗伤。在任何情况下，是我的反应决定了一场危机将会加速还是缓慢，一个孩子会被赋予人性还是被剥夺人性。

——海姆·吉诺特 [1]

你要是没有用尊重的态度对待学生，就别指望学生会尊重你。

——玛丽·罗宾逊·雷诺兹（Mary Robinson Reynolds），克雷格·雷诺兹（Craig Reynolds）[2]

我们渴望那一刻，爱的力量将取代对权力的热爱，那时，我们的世界会懂得珍惜和平。

——威廉·格莱斯顿（William E. Gladstone）[3]

---

① 选自简·布鲁斯坦所著的《成为一名双赢教师：新入职教师如何立足》（*Becoming a Win-Win Teacher: Survival Strategies for the Beginning Educator*），科文书社，2010 年。

如果三个强壮的成年人还不能把一个 6 岁的孩子从教室里拉出去，那么其中一定有什么问题了。我在一年级班里刚刚上了一周的课，就发生了上述事情（之前在六年级的一个班里，我的教学却是成功而令人愉悦的，那里的学生，说句老实话，对我来说更加有意义）。我束手无策，不知道怎么把这位学生拉出去。我只记得，没有哪个人有办法能让他平静下来。上课、学习都无法进行，这位学生已经对其他同学以及他自己构成了危险。到了教室外面，他倒老实了一点，但怎么把他带出教室，却颇费了一番周折。[4]

这种状况让每个人陷入了生存模式——这种模式绝对没办法让我们表现出色。教书的人没有一个乐意碰到这种情况。任何人，如果在这种生存模式上耗费过多时间，他的职业生涯一定不会长久。在孩子的世界里，总有一些你无法了解或者无法掌控的因素，即便在他们走进你的办公室之前，也有某些你不了解的情况和事件在影响着他们。所以，关键还是要建立制度、建立联系，从而阻止这种闹剧的发生——至少要减少发生的频率和密度。

行为管理与教师准备

假设有一个舞台，能让我们通过双赢获得最长远的利益，那么，这个舞台一定是在纪律方面，也就是我们通常所指的课堂管理或者行为管理。也许你会认为，既然教学中的这部分内容是实际指导和学习中最重要的先决条件（坦白地说，这部分内容的教学也离不开学生的合作行为和关注行为），那么，教师培训项目就应该重视帮助有前途的教师掌握这些技能。这一结论反过来也一样成立。

在教师获得信息量最少、准备工作最缺乏的方方面面中，行为管理始终位列榜首。小学校长助理、顾问、督导玛丽·瓦格丽卡（Mary Vaglica）认为："新教师在课堂管理方面存在着最大需求。"她的观点得到了前任校长鲁洛佩（Lulu Lopez）的赞同："教师永远都无法充分准备好应对将要发生的纪律问题或者班级管理问题，以便让学生独立学习，让教师分组管理。"当被问及在她 42 年的教育生涯中，她所观察到的新任教师的最大需求是什么，这位女士不假思索地回答道："行为管理。"对这一回答，很少有老师会表示异议。拥护者一次又一次地表明，他们缺乏对课堂实际情况的准备。"真希望当初有人告诉我，课堂管理原来是你的一次孤军作战。"达伦·雷查特（Darren Raichart）感慨道。"读大学时，倒的确有人告诉过你这个情况，但接着他们便用更多的时间教你其他东西了。"霍莉·戴维斯（Holly Davis）说："我希望我的教育学课堂能更多地涉及课堂管理知识。我喜欢我的学科，因此找到新的教学和成长方法并不难，但是总有几个学生排斥这种真实可靠的管理策略。"

　　无论你在哪里工作，你都会遇到那些缺乏自我管理意识、缺乏交往能力和学习行为的学生，如果没有这些学生，你会有更多的时间去开展实实在在的教学。不幸的是，能够帮助你应对这些问题的，往往只是些过时的、无效的、纯粹非输即赢的概念。由于缺乏更多积极的选择，我们必须一直使用这些策略，因为我们熟悉它们，并且用得顺手（连行政人员、学生家长对它们都很熟悉）。一旦这些策略不奏效了，它们就会被重新包装或命名，虽然实质上是换汤不换药，并且哪怕它们毫无效果可言，哪怕它们让事情变得越来越糟糕。

　　让我们后退一步，看看是怎么走到这一步的。"在我们一生中，前几代人通过家庭、学校和媒体培养的价值观基本能保持一致。"身为作家和教师的马文·马歇尔（Marvin Marshall）评论道，"从家庭之外获得的价值观，能巩固家庭之内获得的价值观。不用说，今天的情形已完全不是这样了。"[5] 几十年前，对学生行为最严重的抱怨也就是大声说话、嚼口香糖、在大厅里奔跑等，而之后的几代教师，除了这些烦恼之外，还不得不应付那些打架斗殴、拉帮结派、"携带武器、滥用药物以及暴力袭击其他学生和学校员工等问题"[6]。

　　我很能理解我们对过去美好时光的向往，也能理解我们对那些曾经产生效果的纪律管理策略的渴望。但是，很多老师发现，那些真实可靠的方法已经不再像从前那样具有影响力或效果了。有些人依然叫嚷着要沿用过去的严厉惩罚，主张更多地采用他们学生时代就向往的——或是他们从神往的故事中听来的——理想化策略，可是他们的主张只会适得其反，引来更大、更严重、更荒唐的看法——任何事物的对立面都是温和而宽容的。

但是怀旧并不能解释为何这种严厉的权威依然导致了频繁的失败——或者在学业和情感上付出巨大成本的事实。别忘了，总是有人反对这种严厉的纪律，并且他们的反对声受到了教育圈子内外人员的赞颂。[7] 问题似乎源于在寻找双赢中间立场时的困难。"在教育史上的某个阶段，"威廉·布尔基（William Purkey）和大卫·艾思派（David Aspy）两位老师写道，"人们创造了一种神话，以为教育要么仁慈要么有效，但是两者又不可能兼顾。这一神话的悲哀所在，是你即便有一大堆数据去反驳，神话照样被当作了事实。"[8] 关于我们应教给学生什么内容，使之成为学校和社会的谦谦君子，还存在着相当数量的非黑即白（black-and-white）的思维，其中包括一个假设，即允许学生自主会削弱成年人的权威，另外也包括一个顽固的念头，即为了改变学生的行为，我们不得不在某些方面伤害、指责他们，让他们尴尬，或者用别的方式让他们不自在。尽管在教师培训和在职进修中我们都在努力解决这个问题，但大多数努力都是通过孤注一掷的方式去实现的，或者在权威的语境中进行呈现，并充分利用彻底失控的孩子的恐惧——除非恰当的制裁和惩罚手段能够到位。可是，相对双赢的意图，这些方法中的绝大多数都已经过时，并不适用了。因此，考虑到学生数量以及整体文化的变化，有些老师发现这些方法毫无成效，在某些时候反而会产生更多的问题。

如果我们想要越过那些老套的非输即赢的思维定式，就应该清除一些大的障碍，何况有关纪律的一些传统做法还在被推荐、被使用、被支持当中。在这里，我要你们选择一条艰难的道路，培育关系，质疑假设和传统，重过程轻结果，同时摒弃规则、程序及权宜之计，尽管它们看上去很有吸引力，能站得住脚。不要等到学生做出破坏性或不当行为时才担心应该怎么办，要想想办法，在问题发生之前就做好预防工作。同时要相信，只要在课堂内建立了双赢共同体，即便不能全部消除学生的纪律问题，至少也能把它们降到最低——这些问题可能是学生和成年人进行权力较量时产生的，也可能是他们在交往环境中孕育产生的。在正门被堵时，双赢方法为我们打开了一扇窗，或者一扇侧门。不过，我们首先还是要看看，到底有哪些传统问题堵住了我们前行的道路。

我们最钟爱的（和坚持不懈的）非输即赢传统

想想那些我们能够影响学生行为和注意力的因素——授课方式、对课程的兴趣、内容的实用性、大厅或操场上同学的评论或眼神、家里或社区发生的事情、上学之前的睡眠量或营养摄入量、教室的物质条件（桌椅、照明、布局、室温和墙体颜色）、生理需求（课间运动、喝水和上厕所）的满足度，甚至是天气情况、教师个性以及课堂活力等。不难理解，任何孩子都会展示我们不希望的，至少是偶尔不希望的行为。

无论是不露声色的心不在焉，还是无法无天的大搞破坏，有史以来，应对学生的这些不良行为一直是教师面临的最大挑战之一。显然，有些举措更有效，不仅影响了学生的后续行为，对班级气氛也产生了积极的影响，同时，还影响了其他学生，从而更好地实现了双赢目标。

现在，我们来研究一下一些最常用的行为管理策略以及我们可能会遇到的各种假设，并进行一番临时性的神话解密，分析一下为什么这些方法处处不得要领、毫无成效，甚至还常常在某些方面产生不必要的混乱和隐患。[9]在接下来的章节里，你会读到有关建设性的、双赢的思路，但是你先得了解这些传统，因为教学环境的不同，你很有可能会碰到它们，发现它们作为推荐方案，更吸引你去使用。但千万不要因为熟悉而被愚弄，要明白，这些纪律管理方法历来都在给师生的生活增加压力。不要说我没提醒过你。

控　制

教师都希望自己能掌控课堂，并且许多人把这种掌控理解为对学生的控制。假设这种可能性真的存在，那么想想我们对生活的自主权和控制权的内在需求吧。正是有了这种需求，即便最有合作意识的我们也变得相互憎恨，不肯任人摆布；也因此，对控制权的竞争演变为恶性的非输即赢的（或者是必败的）意气之争。孩子首次争夺自主权是在两岁左右，之后，随着年龄的增长，他们越来越老练，资源也越来越丰富，能够向我们证明"你不能左右我"。如果你能忍住不去想方设法地压制住这些孩子（并且通过牺牲他们来"获胜"），你可以准备些偏方，在你所需的范围内提供他们想要的自主权。换句话说，我们不再寻找更好的办法去打败他们，而是提出了这个神奇的双赢问题："我们大家怎样才能得到想要的东西？"

"所有现代实验都指出，将命运掌握在自己的手中，对一个人的健康来说是多么的重要。"研究者迈克尔·加扎尼加〔Michael S. Gazzaniga〕这样说。他在报告中指出，对权力和控制感的削弱会引起诸多压力，同时会产生各种各样的补偿行为，以及所谓的"发泄行为"。（无论人是真的受到了控制，还是他们只相信他们无法影响自己的生活，这些行为都可能会发生。）[10]孤注一掷的思维，使我们重新回到了非输即赢的观念当中，即要么我们控制他们，要么他们控制我们。因此，在我继续讨论之前，我要明确地告诉各位，实现权力平衡的双赢方法仍然是一种权威关系。你仍然是老板，仍然掌握着控制权。只是，你在实现这个目标时，不必剥夺任何人的权力，而且，作为一种意外收获，你还能避免许多权力较量以及其他问题，这些问题由于使用了权威和非输即赢的权力动态，会使得成年人备受折磨。

这种模式相当常见，以至于我们许多人想都不想就开始用了，根本不怀疑这是否就是我们应该做的。约翰·泰勒·加托〔John Taylor Gatto〕这样描述学校里普遍存在的纪律管理心态："借助星星和红勾勾、微笑或皱眉、奖励、荣誉以及羞辱，我教会了学生放弃个人意愿，服从命中注定的一连串命令。"他还写道："当权者既可以赋予权利，也可以收回权利，这个过程无需诉求，因为学校内部不存在权利——甚至连自由言论的权利也不存在，除非学校当权者裁定说可以有这样的权利——就像最高法院那样。作为一个学校老师，我插手过许多个人的决定，对那些我认为合理的决定我表示赞同，而对我的控制构成威胁的行为，我则发起惩戒，以示对抗。"[11]

这种思维可以解释为何学校和教师倾向于对学生生活琐事进行微管理，从他们的就座到穿着，从他们什么时候可以讲话到如何应对自己的活动、饮水及如厕等生理需求。同时，这种思维也解释了某些观念，在这些观念的驱使下，许多教师为了避免班级不可救药，不得不采取了控制和惩罚手段。可是我们控制得越厉害，反抗我们的孩子反而越多，他们也越不肯为自身的行为负责，不愿意培养我们所要求的自我控制能力。（顺便说一下，依赖监控摄像机、金属探测器甚至动用警力的纪律项目，会对学校的风气造成极坏的影响，并对毕业率和休学率产生负面影响。[12]）

这个方法还需要人力成本，并总是妨碍某些学生的学习。中学老师比尔·芬克豪泽（Bill Funkhouser）感慨道："反思我曾是怎样的人是件很痛苦的事情。我总是忙着让学生服从命令，结果忽视了这一职业的仁爱精神。我过于压制他们了——而不是灵活、充满理解、富有同情心。"同样地，一名高中生漫不经心的评论使得高中老师约翰·基达什（John Keydash）认识到，原来他的课堂管理竟然是依赖于害怕。"只需要花一点点时间就能明白，我原以为最好的管理技巧，到了现场却只能发挥一半作用，原因是我缺乏与学生之间的交流。"他这样写道，"我必须善解人意，关心爱护，同时培养学生的责任心。我不想通过让学生感到害怕而管理他们的学习。"另外，一个控制良好的课堂不等于一个能真正自我管理的课堂，据我所知，许多学生看上去行为端正，可只要老师一转身或者离开教室，他们就顿时开始撒野。

"建立在自由行动和个体责任意识上的教育，要远比那些依靠外部权威的教育优越得多。"阿尔伯特·爱因斯坦（Albert Einstein）这样指出。[13] 再看拉尔夫·纳德尔（Ralph Nader）的观点："领导的作用就是培养出更多的领导，而不是更多的追随者。"[14] 如果我们关注培养学生的独立精神和自我管理能力，我们就应该记住，控制孩子们并不能赋予他们控制自己的技巧或自信，尤其是在他们身边没有大人的时候。我们有许多可选的有效方法去建立一种结构，这种结构将帮助孩子们走向成功、走向合作，同时减少你的管理系统的压力——当然，也能减少你的神经系统的压力。

> **非输即赢的权威关系导致的消极后果**
>
> 　　课堂内的输赢之争会对每个人造成很大压力，对教师来说，他们尤其会感到沮丧、费时、精疲力竭。而且，任何想控制学生的尝试，都会自然地引起学生的意外反应——可能是挑衅、抵抗，也可能是封闭或放弃。控制强化了依赖性和无助感，磨灭了孩子的信心，使他们在没有成人指导的情况下无法做事或作决定。当学生需要抗拒来自同伴的压力，或者需要作出利益最大化的决定时，他们会遭遇困难并因此产生看似合乎情理的抱怨，而这种抱怨行为也会表现出危险性。（那些抱怨的学生在作决定时，都以为自己能得到别人的支持，或者能避免别人的发怒、拒绝、羞辱或抛弃。或者他们对别人言听计从，从而逃避对后果负责，并总说"是某某人的错"。）我们应该帮助孩子学会如何思考，如何预料后果并作出积极的选择，而不是执意要他们按照别人的要求做事。

高压政策和惩罚

　　凭着养育孩子和在校上学的经历，许多人本能地认为，如果孩子做错了事情，或者不按要求做事，或者用一种对抗的、不尊重人的腔调同大人说话，他们都得为此付出代价。这种思维模式始终体现在校纪校规里，并无一例外地列举了规章制度及违纪情况，以及相应的惩罚手段。

　　有点不着调的情形是：你会听到，上述惩罚手段往往被冠之以"后果"的名义，并且可能还会有充足的理由，说明在不良行为语境下，这样的惩罚手段是符合逻辑的。不管这种逻辑到底有没有，我敢打赌，他们罗列出来的后果一定是消极的、惩罚性的——在本质上、精神上和意义上均是如此。即便是校纪校规和学生手册，尽管都试图通过列举种种良好的行为来进行积极的关注，但它们所依靠的，主要还是劝诫。"如果你不这样做，后果就会是这样。"我很理解这些条文背后的管理需求。我只想说，我们别指望他们会实现这些目标。这些目标，可以通过关系、结构、决策机会、正面的结果、积极的跟进、明确的方向以及双赢的策略来实现。

再补充问一句："这些纪律规则到底有什么意义？"你可能听到的最多的回答，是对恭敬而合作的学生行为的期待。[15]可是，害怕惩罚能真正激发积极的行为吗？"惩罚的目的在于预防邪恶的产生，"教育改革家贺拉斯·曼恩（Horace Mann）坚持认为，"冲动永远促成不了好事。"[16]依靠某个级别的消极后果逐级上升来进行的纪律管理，其问题在于，它依赖的是学生对惩罚的畏惧，因此需要经常提出越来越严厉的后果以驱使学生作出反应。可是顺便说一下，学生的反应不可能是始终积极的，尤其当他们发现自己已无可失去时。马文·马歇尔指出："无论是离开教育行业的教师，还是那些关注纪律的其他人员，他们认为其中的主要原因是对高压政策的严格执行，并把它当作激励学生行为得体的策略。如果高压政策在减少不当行为方面卓有成效，学校的纪律问题就会成为历史的注脚。"[17]

如果学生不在乎又怎么办？我目睹过学生故意在他们不喜欢的课堂内捣蛋，让老师把他们轰出教室，或者只是把放学后留下这种惩罚手段当作一次做完作业的机会。[18]我也见过一些学生，他们的课后惩罚时间多得吓人，如果要全部执行完毕，恐怕他们都已经20多岁了。我还见过一些小孩子，他们根本不在乎自己的名字被写在黑板上，或者课间休息被取消，或者老师给家长打电话。这个样子，我们还能怎么办呢？难道你还想冒险采取某种策略，把学生逼入对立死角，轻而易举地加剧事态或者取得事与愿违的效果吗？马歇尔补充道："当学生不感到害怕时，惩罚就失去了效果。"[19]

另外，没过多久你就会注意到，在黑板上被点名或者课后被留堂的学生，几乎都是些老面孔，这也极好地证明了这种课堂惩罚手段是多么没有效果。[20]如果你以为通过更加严厉的惩罚手段（比如因为行为不良而将学生开除）能教会他们合作，那么请你三思吧。教育顾问乔·安·弗赖贝格曾就用休学和退学来进行训导所造成的人力成本进行过简单的描述："从全国范围来看，20世纪70年代以来，休学、退学率已经成倍增加。"其中大多数学生是因为"非危害性行为"而被休学或退学的。她希望我们记住,孩子们不在学校的时候,他们是无法从潜在的师生关系中获益的,无法接受学业指导,也无法接受必要的干预,从而帮助他们改进自己的问题行为。毫不奇怪,不断增加的休学率和退学率,是与越来越差的学业分数以及日益增多的冒险行为、辍学现象和官司纠纷等息息相关的。[21] 这根本不是我们所要努力争取的结果。在促进联通方面,学校政策如果严厉而限制人,其效果往往适得其反,这具体体现为失联(disconnected)的学生在那些学校非常普遍。[22]

但是即便失败是显而易见的,即便这些惩罚性措施的代价很大,要放弃这些措施,依然十分艰难。我已经公开承认,我信奉的是双赢哲学,但为了预防万一,仍然坚持使用彩色警告牌和在黑板上记名字。好吧,它们确实还没有起过作用,不过在某些时候,我还是会小心地使用它们,以打破束缚,聚焦于更积极的措施。当老师们感叹人生艰难,用陈词滥调为他们的策略辩解时,我会同他们分享作家卡洛琳·肯莫尔(Carolyn Kenmore)的一句话,指出我们可以用一种截然不同的方式去思考师生间的权威关系:"你都可以从大挫折中得到磨练,还怕不能从小打小闹中学到什么吗?"(If you can learn from hard knocks, you can also learn from soft touches.)[23]

规则,规则,还是规则

规则的力量太神奇了,以至于我们很容易相信,教室里只要有规则,不需要别的东西你便能树立你的威望。规则成了教育中神圣不可侵犯的东西,似乎没人能质疑什么,也许如果你质疑,你只会引起混乱和无序。不过请注意,我不是在推崇无组织、无纪律的做法,我们都需要有纪律发挥作用,都需要安全感。但是,以为规则可以抵消不良行为的想法——更不用说合作的缺乏是因为完整规则的缺失——纯粹是无稽之谈。

"你不能把规则建立在特例上。"利特克(Littke)和格拉贝勒(Grabelle)[24]指出。不过,这种做法已经屡见不鲜了,每次学生做了大人不喜欢的事情之后,纪律手册就增添了新的规则。因为担心有疏漏，有些条目还详细地列举了孩子们不能做、不能说、不能穿、不能带到学校来的内容，这使得规则失去了意义。（我在为高中生写一本书时，最喜欢引用一位孩子的一句呼吁："去掉那些愚蠢的细则。谁要是在手册里写上我们不能把忍者飞镖和剑带进教室，谁就是个白痴。"[25] 你能想象这样的学生——或者那所学校里的老师——会遵守规定，并且是严格地遵守吗？）

我也注意到，教室或学校里的规则数量往往与那里的行为问题密切相关。想想看吧，问题是，规则虽然让你确定了某种你想要的结构，但它们不能在事实上让孩子们变得更具合作性或者更懂礼貌。另外，你虽然强调规则，但同时却在传递着一个微妙的信息，即你优先考虑的是监督与强化。马奥尼（Mahoney）和普尔（Purr）都很反对在学年开始时，让学生"站在教室前面，宣读规章制度。这……给人一种错误的印象。孩子们不喜欢你把不该他们做的事列成一个清单，这会让你看起来非常专断和死板"[26]。

学生做出某种行为，是因为这种行为对他们有好处，而不是因为他们被规定必须这么做。他们这么做，是因为在一个充满关爱、相互尊重、双赢的课堂里，大家都是这么做的。（当然，为了避免麻烦，有些人会考验限度，有些人会进行合作，这样做也是值得的——虽然总的来说这一点最不具有诱惑性，因为在大多数人看来，行为带来的积极效果远比这一点要有吸引力。）令我常常感动的是，如果我们给予孩子们以小小的信任和喘息的空间，他们将心甘情愿地为自己的行为承担责任！我也看到，如果课堂内有且只有一条规则在指导学生，即他们能做想要做的任何事情，只要不妨碍他人的教与学——孩子们就能够相当有效地管理好自己。[27]

所以，要想尽一切办法。如果要求你张贴规则，你就张贴吧！只是别指望这些规则能真正奏效——除了保护校区的形象，或者让参观的人留下印象。[28]（别忘了，大脑的思考方式会使你的学生过几天就不会再注意到规则还贴在那里。）我从来没看到过学生在调皮捣蛋之前，因为看见贴在墙上的规定，就收敛自己不搞破坏或者不做其他不良行为。这个列表也许给你一种人造的权力感——毕竟，一旦有学生行为不端，你就有理有据可查了——但是，靠它是无法将学生教好的。

一致性与严厉

我从未明白符合一致性的培训有多么重要，也许是因为我从来没有搞清楚人们为什么要我们"保持一致性"。多年来，我开始怀疑，他们这样做是在暗示我们在需要的时候做我们声称想要做的事情。在我看来，这样做更多的是为了一种后续的需要，而不是一致性。这是有区别的，尤其是行为指导和动机方面。

虽然规则常常以公正的名义提出，但是，在执行过程中，从一个教室到另一个教室，甚至从一个孩子到另一个孩子，规则几乎没有什么一致性可言。[29]事实上，规则本身就可能有点问题，因为学生有时候根本没有充足的时间在课间去更衣室或卫生间，有时候他们忘了把手机调成静音，有时候他们的作业本的确被狗吃了。我这样说，是否意味着我们需要学生提供理由，否则我们就变得很武断了？当然不是。我是主张在我们创造的结构模式中，需要某些灵活性——在问题或特例出现之前——而且，为了能让学生自觉自愿做事，我们必须重新考虑那些不能真正发挥作用的规则。

最近，我收到一位中学老师发来的一封邮件，这位老师为了与学生搞好关系，采取了许多办法，其中包括允许他们在上课时戴帽子。可是，只有少部分学生利用了这个权利——有些是因为对光线过敏，还有一些是为了表达个性或者寻求舒适。尽管对这部分学生而言，这个规定是个不错的激励措施，并且在课堂内外都没有引起特别的问题，但是校长还是决定取消这个规定。"有趣的是，比如说某个学生，在行为上很可能最为棘手，因为允许他戴帽子，两周以来一直像个天使一样。作业能够全部完成，听课也专心致志。我们真的以为他180度大转弯了。"这位老师写道，"可是接下来，校长要求我们实施不准戴帽子的规定，这个时候他的行为开始急剧失控。现在，他从不做一次作业，每天五节课里，可能有两节课要被赶出教室。"这个孩子是"为了不失去权利而决心做任何事情"，现在，他已经没有任何积极性去做别人要他做的事情了。

这里不是要不要戴帽子的问题，而是有些孩子需要被满足一些小小的要求才肯合作，直接拒绝他们（以及教师）的要求，其结果往往令我们必输无疑。这种故事我听得多了，比如杰里·阿德勒（Jerry Adler）和卡伦·斯普林格（Karen Springen）两位记者就在他们所谓的"官僚主义之于常识的辉煌胜利"[30] 的令人震惊的事例中提到，禁止毒品的规定让一个皮夹里藏有镇静剂的高中女生休学；一个中学男生捡到了一支枪并交到了办公室，结果他因为拥有枪支被开除；一个 5 岁大的孩子，因为穿了一件配有塑料斧头的消防服而被勒令休学。在这种情况下，难怪孩子们对成人的权威有时候会显得不知所措（更不用说对它毕恭毕敬了）。

我在讨论中提到的一些最常见的"好的，但是"问题，都指向对危机情况的处理，尤其是对学生荒唐行为的处理。（我们的非输即赢方案比较强悍，有人宁愿只相信预防的力量、双赢权力动态以及与孩子之间的牢固关系——顺便说一下，当双赢课堂出现罕见的危机时，这些是你手中的王牌。）因此，我查阅了所有能找到的文献记录和方案，并同许多教育顾问和危机干预专家进行了交流，从中发现了五花八门的建议：轻声交谈、大声而有威严地说话、要幽默、不要幽默、身体要接近、身体不要太接近、把孩子撵出教室、把孩子留在教室里但叫其他同学出去到一个指定的地点。换言之，任何对立的方法，都有可能取得良好的效果。此外，任何方法也可能会适得其反。有些在起作用的因素，你可能根本无法看到也无法知道，有时候，你只是在转瞬之间就作出了决定，因为孩子不同、情况不同，我们所要采用的方法也会不同。依赖公式化的反应，不仅解决不了问题，反而会造成更多的问题。

我们一定要小心斟酌。总有那么几天，学生的行为比平时更让你烦心，于是你只好要求他们做你一般不要求他们做的事；总有那么一些规则，会让你因为学生做了一些你从未注意也懒得去注意的事情而对他们穷追不舍；也总有那么一些规则，妨碍了学生集中注意力或者进行自我管理。[31] 世上没有一种办法能针对每一位学生、每一个行为或者每一种情形。

如果你想充分发挥一致性的作用，那么你自己就应在某些方面保持一致，比如坚持以你认可的积极后果为条件，在行为举止方面要为学生起表率作用，另外，要坚持你的长远目标和双赢理想。一致性容易与严厉相混淆，并带来危害。除此之外，人为强加的一致性也很少能行得通。我们应了解两者的局限性，争取把正确的判断与常识结合在一起。

消极的言语反应

最近一位朋友讲述了这样一个故事：她骑车路过某所学校时，听见老师从一栋楼到另一栋楼不停地对学生大喊大叫。"幸亏我的孩子不在那所学校。"她说。如果你熟悉这种现象，相信你一定能理解这对学生意味着什么，因为他们必须在这样的环境中熬过许多时日。

关于惩罚的理由，至今还有许多人相信，孩子的行为端正或健康成长离不开那些熟悉的言语反应，比如责骂、批评、教训、唠叨和说教等，他们也相信，如果教师不用一种大声的、充满怒气的语调说话，孩子们是不会把他们放在眼里的。事实上，人们对教师的这些行为已经司空见惯，以至于很少有人质疑它们的价值和适宜性。但是，正如某位老师提到的："我们一扯开嗓子，孩子们就变得麻木，尤其当我们在他们身上有意找茬时。告诉他们你希望的行为，而不要把话说死。"另一位教师也分享了她认为有价值的建议："少说，意味着更多！"

我认识一些教师，他们在记录和学生的交往时惊奇地发现，他们非常频繁地用那些消极的、批评的、讽刺的、纯粹大声的方式与学生进行交流。必须注意你的言语和声调。孩子们回答错误时，你是告诉他们怎么做对还是给他们一种正确的反应——而不去牵涉他们的学习习惯、个性以及本应掌握的知识？你能在多大程度上忍住不对学生的行为意气用事？你的反馈是否过于啰唆？当学生没按你的要求做时，你一般会隔多久对他们发脾气，对他们又吼又叫或者羞辱他们？

　　"教师和行政人员需要管理的不是孩子们的情绪——而是他们自己的情绪。"史蒂芬·哈斯拉姆（Stephen Haslam）这样写道。[32] 我不打算谈论在特别糟糕的一天里的罕见情形。（在双赢关系中，孩子会在很大程度上宽恕教师的人为差错。）我要谈的是因为盛行而显得合理的言语攻击模式。它之所以盛行，是因为它认为，消极反馈是对孩子行为的合理反应，不仅有必要而且也很正当。[33] 尽管历史上有许多无视学生尊严的先例，这种师生交往方式还是会对孩子们产生深刻的负面和腐蚀性影响——不仅是那些被攻击的学生，也包括那些耳闻目睹这种交往方式的学生。很多时候，批评，尤其是对孩子品行和价值的抨击，往往导致一种狭隘的、临时性的自我保护形式，并附带产生诸如完美主义、信心不足以及自卑等各种缺憾。[34] 孩子们从羞辱、恐惧、自我憎恨中几乎很难学到我们希望他们传承的东西。

　　"孩子会一直记住羞辱过他们的老师，他们的记忆会充满愤怒和憎恨。"怀亚特（Wyatt）和怀特（White）写道，"同样，学生也会记住尊重过他们的老师。"[35] 除了有可能引发更强烈的、更不连贯的学生行为和态度，触犯学生尊严和内心安全也是国家教育协会（NEA）道德规范所禁止的一项纪律策略。[36] 如果你想评价你在学生面前所使用的语言和行为，你可能要对那些事件进行反思，并询问自己以下几个由布莱恩·西奇（Bryan Cichy）提供的问题："如果有同事一直在场，我还会轻松自如地用同一种办法对学生进行干预吗？如果在场的是家长呢？我的干预能长远地提高学生成功的概率吗？我会希望从导师那儿得到同样的干预吗？"[37] 除非对上述问题的回答都是充满热情的"是"，否则，你都得考虑使用其他更积极的手段与学生进行言语交流。

其他常用的方法（以及糟糕的主意）

　　你可能还会发现或者别人建议你使用一些其他模式。如果你已经把这些做法添加到你的库存中，请注意其弊端和局限性。以下是几个积极的备选方案：

给学生贴标签

不要太看重其他教师对学生的描述。虽然你不可能没有听说梅布尔（Mabel）是个天才，杰基（Jackie）是个笨蛋，莫妮克（Monique）很讨厌，罗宾（Robin）纯粹是个麻烦鬼，但你可以不听从他人的感受和经验，而让这些学生都在你的课堂里获得成功。清理那些建立在道听途说上的期望和想法，还学生一个清白，给他们一个公正的起点。即便是正面的描述，它也存在着局限性，也会武断，也会给学生造成很大的压力。因此要抵制这种倾向，以免将学生简单化、平面化。无论是在同事面前还是在家长或学生面前，用消极的、贬义的、降低人格的标签去描述学生永远都是不妥的。[38]

给不良行为贴标签

如果你留心一下，你会发现有些成年人很善于给学生的不良行为贴标签，比如说"这不合适"或者"你不懂得尊重"等等。这种模糊而空洞的批评很难让人理解，只会让学生犯错，这哪里是富有建设性的教师行为！其中根本没有什么指导性的表达，也没有任何用以描述我们所期望的行为的信息。我们必须回归到最初的意图，建立合作和自我管理，把花在描述不良行为上的时间和精力用于希求我们所期望的行为。

依靠其他成人来应对学生的不良行为

虽然这种做法的背后也有许多渊源和先例，不过，其中的念头一定要警惕，即学生一旦行为不当，就叫家长，或者把学生弄到办公室，或者要求对他们进行特别处理。这样做，无非是对行为不当的学生进行惩罚或改造或干脆把他从教室里撵出去（尤其是因为那些更琐碎的过错而这样做）。在前面几个章节里，我们分析了行政人员、后勤人员及家长能采取的各种有效做法。其实，即便你所在的学校和社区可以接受这种做法，作为课堂领导者，作为职业教师，你竟然要求他人来负责应对纪律问题，这只能说明你自己的表现非常差劲。

期　望

可能别人会给你建议，要有较高的期望，你自己也可能深信孩子们一定能达到你给他们设定的期望。期望，正如规则一样，反映出成年人肩负的责任，对他们来说意义重大。但是，唯有学生也在期望之中发现了价值，并同样承担起责任，师生之间才会形成合作——但这样发生的可能性不大，因为这仅仅是成年人对学生的期望。不要把期望同对孩子的信任、对他们能力的确信，以及对任务的高质量标准相混淆。要激发他们的使命感，我们还是有一些方法的。但是，表达期望并不在其列，除非学生迫切需要你的有条件批准（conditional approval）（这本身就存在着某些非常消极的意义）。

无法坚持

以下是教师所做的两件最常见的破坏自己威信的事情，这两件事情反映出他们不能坚守之前所设定的底线或界限。第一是当出现偶然事件时，给予学生警告。比方说，如果你允许学生一起学习，条件是他们不能打搅其他人的学习，包括你自己在内，一旦他们开始吵闹，他们就会失去这个权利。在这种情况下，如果你对他们进行警告，就意味着他们不必遵守你之前所设定的条件。（使用各种颜色的警告牌，或者在黑板上写下名字，以备随后进行违规处理，这样的做法也只是程序化的、打包式的警告方法。）第二是当学生行为不当、破坏约定或未能完成作业时，要求他们给出理由或解释，这意味着他们可以通过耍嘴皮子来摆脱你设定的要求。我们有很多办法可以让规定变得有灵活性，而不必使用警告或者要求解释这种办法。如果你希望自己能被认真对待，千万别做上述这两件事。

扣　分

当然，学生需要努力学习以获得学分。[39] 但是，通过评价学生的行为，去影响他们的升级、资格、定位、提干和毕业，这样做既繁琐又不够专业。NEA

道德规范也禁止这种做法。这不是学生是否努力的问题，也与他们的学习质量和学习内容无关，这涉及在评价学生的学习时，我们应尽可能保持中立的态度——尤其是在评价像论文写作这样的主观性作业时。如果你对某个学生（或学生家长）感到愤怒，觉得这种情绪会左右你对学生学习的评价，那么，就把他的作业放到最底下吧，等到你冷静下来后再去评价。同样地，如果你对生活中所发生的事情基本持否定态度，那么也请耐心等待吧，一直等到你能看见和欣赏大家所作出的积极努力为止。

告诉学生他们的行为让你感觉如何

这种方法也很盛行，并且不会过时，所以你经常会听到别人建议你用"我很难过，很失望，你连作业都忘记了"或者"这儿太吵了，我很烦"这些话来管束孩子。你的学生可不负责你的情绪健康，你自己也的确不需要他们去负这个责任，他们只是不太愿意你的方法奏效罢了（你是不是宁愿学生把图书馆的书还了，然后再借一本，而不是让他们这样做以避免你生气和失望，或者得到你的有条件批准？）人们用这些话去教育孩子要有同情心，并觉得这样做非常合理，可是，我所见到的回应，却更多的是压力、愤恨和冷漠。用心照料是需要付出代价的，所以，即便这种办法看上去有点效果，你也应该设法放弃。我们有很多种办法培养学生对他人的同情心和怜悯心，就像我们有很多种办法帮助他们形成合作和尊重他人，我们不必强加给他们负担，让他们始终取悦于你。[40]

表　扬

你可能听说过，表扬是激发和强化正向行为的推进策略，然而这种策略照样存在着很多问题。首先，通过表扬去激励孩子是强化手段的一种错误运用，这种方法只能在行为已经出现后才起作用。[41] 其次，把孩子的注意力从问题转移开去，或者淡化孩子的问题，或者让孩子有更好的感觉，这也是对表扬的错误运用。最后，即便表扬是事后的强化手段，它反映的也是个人的判断以及对学生所选行为的认同。我们最好能自然、随机而真实地表达自己的情感与赏识——不附带任何的动机和条件。不过，如果你要培养责任感，强化正向选择，你的评价就应该不偏不倚，不应包含你个人的反应。

投　射

如果你听到有人对孩子说"你一定很自豪"或者"你应该很感激"，这个时候，你看到的是成人将自己的情感和价值观投射到了孩子身上。这种策略通常是没有恶意的，有点冒昧但不具有危险性，虽然有时候教师也通过这种办法特意去强化他们所希望学生做到的行为。问题是，当我们说出像"你一定很高兴"这样的话时，我们已经假定学生应该有这样的感觉，而他们的实际经历也许与之完全相反。所以，你可以换一种做法，同大家分享你的观察结果（"显然你对这个很兴奋"或"你看来很高兴"），并询问学生的感受，或者仅仅承认他们的成就（"在这一点上，你们非常努力！"）。[42]

奖　品

这个观点也已经盛行了好久，它指的是把某些奖品作为强化手段，来对预期行为中的表现进行认可。这些奖品包括粘纸、门票、薯片、星星、糖果以及其他学生认为有价值的东西。早在20世纪70年代就有研究指出，这种策略经常被滥用，从长远来看未必是最有效的强化手段。[43]尽管如此，那些铤而走险使用这种办法的人不久就发现，他们在奖品发放上难免随心所欲，并且这套方法费时费力，他们也发现，没过多久，经典的"奖品通胀"（token inflation）开始露出其丑陋的面目——比如说在我的班里，居然有孩子开始讨要午餐券。我知道虽然教师都喜欢用粘纸让孩子们享受快乐（尤其是那种一擦就有香味的粘纸，哦，是的，高年级的孩子也很喜欢）。但是，真正能成功的教师，会少而均匀地发放这种奖品，比如说，他们会把这种奖品奖给每一位上交了独特作业或方案的学生。不过，我们还是要留意学生从激励杠杆中赢得的权益和理想活动。

体　罚

令人伤感的是，在历史、社会发展至此的今日，我们仍然有必要谈及这个话题。到 2009 年夏季为止，美国仍有 20 个州允许在校打学生。[44] 我想，在双赢课堂里，不管是否有表面上正当的理由，都不存在体罚的空间。虽然体罚被认为是最后的法宝，但绝大多数时候，它往往是教师的第一反应，而且针对的通常是学生微不足道的小违规。研究证明，肉体惩罚会产生很大程度上的负面后果——不光对挨打的学生，对班上其他同学和整个学校的氛围也是如此，而且会使学生的行为变得越来越糟糕。想想看，一方面学校声称自己拥有那些令人肃然起敬的蓝图，另一方面，他们在用体罚的手段教育孩子要懂得尊重、自我控制和非暴力，疯狂而虚伪。打孩子让我们看上去无力、无效、无能，而且很不专业。即便学校容忍这种行为，也千万别做。如果你除了打孩子之外，没有其他教育办法，那么你还没有获得在教室里从事教学的技能，改行干别的吧。[45]

态度障碍

态度障碍不同于绊脚石，它往往以几种不同的方式呈现。第一个障碍是有些教师从一开始就拒绝激发孩子的积极性。他们坚持说学生就应该为了学习而学习，并认为从新知学习和个人成长中获得的满足感，足以成为学生学习的动力，也足以成为强化他们学习的手段。虽然很少有人质疑这种自我实现的论调是否有根据，但你还是把眼光放远点，激励你的学生进行学习，尤其是那些尚未从对他们喜爱的学科的探究中获得乐趣的学生。

没有动机的行为是不存在的。无论是孩子还是成人，如果他们无法从行为中获益，他们是不愿意为之投入时间和精力的，不管其结果或回报是否令人愉悦，是否令人满意，或者是否是一种成就、一个分数、一份工资单。（声称自己教书纯粹是源于对教学的热爱，这样的教师并不多；也很少有孩子会对那些枯燥、无聊、无法完成的作业感到兴奋。)很明显，同样是结果，有些更加有成效。如果你担心你用好结果去取悦学生时，你是在贿赂学生，那么请记住，惩罚或充满怒气的演说所带来的威胁与贿赂无异，只会让学生肆意妄为，要么翻看别的书，要么与同伴窃窃私语。

第二个障碍是有些教师坚信，在如何激励与如何强化这个问题上，我们没必要因人而异。这就很容易落入那句老话："一人做了，全体都得做。"但是事实上总有几个学生非常在意他们要做的事情，他们宁愿一有机会就做美术项目、在电脑上工作或者坐在地上做课外作业，也不愿意去跑腿、参加小组学习或者用剩下的时间参观媒体中心或者做家庭作业。对待不同的孩子，就应采取不同的方法。细心而有创意的教师，一定能很好地将他们的要求和学生的想法完美结合。

最后一个障碍，是你可能会随时阻止某个想法，或者说服自己不要再和学生一起做事了，主要是担心会有什么不好的影响。当然，你要在学校实施一种之前未曾成功的方法，或者要向学校行政或部门领导提出一件在你的环境中并不受鼓励的事情，一定要小心谨慎。但是明白这一点，仅仅是因为我们很容易假设"我们没法做那件事"，而要坚持我们想做的，则要困难得多。在许多时候，你远比想象中要做得更好。如你所见，想要成为一名双赢教师，你就必须另辟蹊径，不按常规做事。如果大家都蜂拥着支持你的做法，这样自然最好；如果你感到四处受限，那就要从小处着手，先做好你的"一亩三分田"，以免引火烧身。这里面的很多想法（比如说，你与学生谈话的方式，或者你想同他们建立联系的意愿）与旁人无关，在大多数情况下都是在私底下发生的，不会对你的工作产生不利的影响。应该抵制现状，尤其当这个现状包含了对孩子的伤害行为，并使你感到为难；另外，千万不要受到他人狭隘想法的束缚。你还要质疑传统，并且如果你选择了某一种策略或方法，就应该自觉地做下去，不只是因为别人也在做，也不只是因为这是一种通用的方法。你的想法不会始终如你所愿，也不会始终得到你想要的支持，但是在你的课堂内，在你和学生建立的关系中，一定要尽可能地实现双赢。

活 动

1. 在你的培训中，本章提到的无效课堂管理策略，哪些是你十分了解的？

2. 这些策略中，有哪些是你在学校里观察到过的？

3. 这些策略中，有哪些是你尝试过的？

4. 你认为哪一条策略最难避免或停止使用？

注释

1 引自昆比（Quimby，2003，para. 3）。

2 雷诺兹和雷诺兹（2008，para.1）。

3 引自奈勒（Naylor，2009）。

4 这位孩子的案例故事包含了几个学习问题和一个更为严重的行为病理，其中包括某些令人不安的自残行为。很少有人在这样的年龄就表现出如此严重的行为障碍，也很少有人更多地通过在课堂内与可靠的成人建立联系而获益。这样做，比起认知或惩罚干预更具有治疗效果。感谢我的朋友和前编辑马修·迪纳（Matthew Diener）帮我唤起记忆，并建议我本章以这个故事作为开头。

5　马歇尔（n.d.）。

6　《校园暴力：学校纪律史》（1998, para.1）。

7　教育学教授乔纳森·齐默曼（Jonathan Zimmerman，2007）认为，自从"19世纪30年代开始出现公立学校（common school system）"以来，严厉的纪律实施受到了抨击，其主力主要来自"一大群形形色色的美国人。其中最著名的公立学校捍卫者霍瑞斯·曼（Horace Mann）就警告教师不得对学生滥用暴力，也不得压制学生的天性。对教育改革家如约翰·杜威（Jonhn Dewey）来说，建立在严格的纪律之上的学校——在教学上则体现为死记硬背——是无法教给人一种自我管理的技能的。学校不应培养缺乏思想的顺从者，而应教会学生如何形成自己的思想，换言之，要教会他们如何针对复杂的政治问题进行思考、权衡和裁定"（para. 7）。

8　布尔基和艾思派（1988, p. 47）。

9　为了更详细地了解这些问题，请参见《双赢课堂》（*The Win-Win Classroom*）（Bluestein, 2008）及《创造情绪安全的学校》（*Creating Emotionally Safe Schools*）（Bluestein, 2001）。

10　加扎尼加（1988，p. 205）。权力感或者对生活情境的控制能力也会影响你的身体健康。在一篇有关压力对于冠状动脉健康的影响的文章中，安·安德伍德（Ann Underwood, 2005）指出："人们对于高压力环境的反应各异。是否会造成冠状动脉疾病，就看你是否有一种对生活的控制感，或者看你是否受环境和上司的支配。"（p. 51）

11　加托（2005, p. 6）。

12　"纽约民权同盟（NYCLU）[①]，安那伯学院（Annenberg Institute）发布关于成功与安全的纽约市学校报告，并对警方攻击性策略说不"（2009）。该报告分析了在学校对高危学生实施侵袭性控制手段（aggressive controlling approaches）所造成的危害，断言"的确存在着让学校看起来像监狱的做法"（para. 4），同时，该报告通过对安那伯学院学校改革数据和研究分析师塔拉·巴尔（Tara Bahl）的引用，认为"成功的学校在政策制定和教育实施过程中，都高度重视学生的自尊、学习欲望和作出负责任的决定的能力。在这样的文化中，大家都希望能有积极的教育效果，并以此让学生完成学业"（para. 10）。该报告最后总结道："惩罚性措施使学校成为了走向监狱的通道，使地方、州、联邦的教育和公共安全政策成为了学生走出校门、触及刑事司法的助推力。这种通道对其他肤色的孩子以及学习有障碍的孩子影响尤其严重。"（para. 15）

13　艾萨克森（Isaacson, 2007, p. 26）。

14　引自BrainyQuote[②]引语库：http://www.brainyquote.com/quotes/authors/r/ralph_nader.html.

15　坦诚地说，责任问题几乎从来不被提起，它可能促使我们制定校纪校规或者将条规写入学生手册（不管这些规则是否会带来负面后果）。

---

①　NYCLU为New York Civil Liberty Union的缩写。——译者注
②　BrainyQuote是全球最大的引语库之一。——译者注

16　曼恩（n.d., para. 9）。

17　马歇尔（2001, p. 49）。

18　此处不要理解为不给学生在留堂（detention）这段时间内做作业的机会。我从来不知道留堂让学生做作业能成为一种纪律管理策略，并一直建议教师用明智的方法来塑造孩子的行为。不过这样做，起码是一种对时间的得体使用吧。

19　马歇尔（2001, p. 49）。

20　关于课后被留堂，马歇尔（2001）指出："被留堂的学生如果没有按要求留下，他将得到更多的留堂惩罚……在我所作的全球几百场报告中，那些使用留堂办法的教师很少有人说它对于改变学生的行为能起到什么作用。如果留堂真的有效，那么这些学生就不会动不动被留下了。"（p. 48）与这一说法相呼应的是一位老师送给我的她所在学校对学生迟到的处理意见。"多次迟到的后果"是越来越严厉的惩罚措施：第一次到第四次无故迟到，留堂一下午；第五到第八次，留堂两下午；第九到第十二次，留堂三下午；第十三到第十六次，留堂四下午。在这一惩罚措施的最后，有这样一句警告词："若拒绝放学后留堂，则以退学论处。"若这条政策是学生准时到校的唯一举措，很显然，学校一定少做了一些工作。除此之外，我也想象不出这样的措施如何能保证记录准确，也不清楚这样的学校到底想要达到什么样的目的。

21　弗赖贝格（2007c）。

22　布卢姆等（2002, p. 12）。

23　肯莫尔（n.d., para. 2）。

24　利特克和格拉贝勒（2004, p. 44）。

25　布卢斯坦和卡茨（Bluestein & Katz, 2005, p. 15）。

26　马奥尼和普尔（2007, pp.24, 36）。他们认为，教师应"花点时间认识学生并了解他们的个性"，并应"安排少量时间让学生互相追逐"。

27　想想看，这条规则虽然简单，但限制性很大，即便是学前儿童都能理解。你可能想教给孩子使用某种设备的方法，或者告诉他们做某项任务时应采取什么样的行为，但是你的规则和限制越是简单，他们就会做得越有成效。

28　注意，一般来说，大多数人都不希望学校只管理学生的行为。有篇社论就要求学校强调品德的学习，而不是规则的制定，该社论引用一位成年人的话说："难道家长当中，只有我一个人希望自己的孩子学会思考，而不是纯粹记住一套行为规则？"（Blumenfeld, 1996）

29　教师都喜欢学生有钱、穿戴得体，或者体格健壮、学业优秀。研究表明，对于同样的不当行为，少数民族学生所受的惩处要比非少数民族学生更频繁、更严厉。布鲁斯坦（Bluestein, 2001）。

30　阿德勒和斯普林格（1999）。

31　教师反映，当他们试图用符合神经学的原理去满足个体学习需求时，遇到的最大阻力是学校的同事和行政人员，尤其是行政人员，他们会强调学生必须统一坐好，保持安静。教师还反映，如果能得到教育顾问、职业治疗师和家长的支持，成功的概率就会大大提高。有些教师已经取得了一定的成绩，他们进行了小规模、非破坏性的干预，并通过学生在行为和学业上的改善来展示这些手段所实现的积极效果。

32　哈斯拉姆（2001）。

33　教师的这种行为通常表明，他们正处于倦怠或者压力极大的状态，但这种行为与学生没有丝毫关系。如果你发现你动辄就拿学生出气，或者老是看他们不顺眼（包括对他们的表现），那么就要考虑请人帮忙把你生活中的琐碎理理清楚，或者制定出一个更好的应对机制。

34　你有没有遇到过这样的学霸——他们害怕出错，虽然表现优异，却只看到自己的毛病？你有没有见到过这样的成年人——他们认为自己"不擅长绘画（或者数学，或者写作）"，或者对自己的长相和交往能力缺乏信心，而这一切，都源自多年前有人对他们的不负责任的评价？

35　怀亚特和怀特（2007, pp. 53—54）。

36　这些行为主要包括危害学生情感安全的一些做法，如对学生行为或态度的羞辱、歧视、责备和抨击，对学生价值观的抨击和谴责，对学生自尊的损害，批评，羞辱，言语或情绪暴力，高声喊叫，恐吓，威胁，嘲讽，控制，摆布，惩罚，运用有条件批准或关爱的手段，以及用情感离弃（emotional abandonment）进行的威胁，等等。

37　西奇（2008）。

38　注意对行为的描述（"在这一点上你们非常努力"或者"你的字写得好多了"）和对学生的描述（"你真聪明，或真灵巧，或真优秀"）之间的区别。同样，我们不能把穷苦的孩子看作讨厌鬼，而要在有空时陪陪他们，或者给他们找个伴儿。如果他们回答错了，不要急躁，不要批评，更不要给他们贴无知无识无用的标签，可以给他们再解释一遍，或者换种方式再说一遍，这样，他们的学习效果就会好得多。

39　但愿你布置的任务学生都能很好地完成，从而让他们觉得做到这一点还是有可能的。

40　那些喜欢取悦于人、言听计从或者怕招惹人的学生，往往很难按照自己的意愿作出决定。关于这个话题，可参照本人网站（www.janebluestein.com/articles/whatswrong.html）上的一篇免费文章：《第一人称叙述出了什么问题？》（*What's Wrong with "I-Message"?*）

41　这个现象在小学课堂里尤其普遍，教师为了让其他同学坐好，经常会说"苏茜（Susie）那样坐着，我就很喜欢"。其实，我们可以换种方式，在你提出要求时，不要让学生依赖于你的有条件批准，也就是说，让他们知道这样做是为了让你喜欢他们。要知道，就算是小孩子也明白你这样说只是让他们按照你喜欢的方式去做而已。

42　布鲁斯坦（2008）。

43　奥斯本和奥斯本（Osborn, D. K. & Osborn, J. D., 1997, p. 38）。

44　感谢乔丹·雷克（Jordan Riak）和"反对教育暴力家校联合会"（Parents and Teachers Against Violence in Education）（http: //nospank.net）所提供的资料。

45　关于该话题的更多研究信息，请参照本人网站（www.janebluestein.com/articles/no_paddling.html）上《创造情绪安全的学校》（Bluestein, 2001）一书的摘录。

第九章

理解具有情绪障碍及 / 或行为障碍的学生行为 [①]

罗杰·皮尔兰格洛

乔治·朱利亚尼

理解挑战性行为

自从《残障儿童教育法案》（EHA，即 P. L. 94-142 [②]）颁布以来，对残障学生的教育已经迈出了很大步伐，但是，仍有不少领域值得我们关注。联邦政府把特殊教育定义为"无需家长掏钱，专门用于满足有残疾的孩子的独特需求的教育"（34 CFR 300. 17[a]）。尽管如此，在处理学生挑战性行为时，我们更多的是将重点放在对行为的控制之上，而不是解决行为背后的需求，并为满足这些需求而寻找更合适的教育方法。

挑战性行为对学生所起的作用

通常情况下，挑战性行为（或者系列行为）的目的在于得到想要的结果。从本质上看，这些行为之所以能够存在，是因为它们可以帮助学生实现一个非常有用的目的。由于这种行为曾在某方面满足过学生的需求，因此学生会一直

---

① 选自罗杰·皮尔兰格洛和乔治·朱利亚尼所著的《情绪和行为失常生的课堂管理：教师渐进指导手册》(*Classroom Management for Students With Emotional and Behavioral Disorders: A Step-by-Step Guide for Educators*)，科文书社，2008 年。

② P. L. 94-142 指前述《残障儿童教育法案》，P. L. 为公共法律（Public Law）的缩写。——译者注

不断地用下去。

尽管从交际意义上看，挑战性行为并不十分恰当，但从学生的角度来看，这些行为则是他们对身边事件（如训斥、教师指令以及严重头痛）合理而有逻辑的反应。

许多能力不足的学生之所以要使用挑战性行为，是因为他们没有其他办法来影响周边的环境或表达他们的需求。因而他们将挑战性行为视作一种基本的交流方式（如嚷着说自己肚子饿）或互动方式（如通过胡闹激起交际互动）。另外，交际技能较高的学生有时候也会使用挑战性行为，这是因为要想得到一个期望结果，挑战性行为是最行之有效的办法。

挑战性行为大致可分为两种目的：一是"得到某物"，二是"逃避某事"。如果学生行为的目的是得到某物，这意味着老师或同伴对这个行为的反应是对该生进行关注、表示赞同或者给予其实物。比如说，叫绰号能引起同伴的咯咯傻笑，手脚比画可使去体育馆的路上"酷毙了"，在课堂作业上乱涂乱写能获得老师在作业本上更多的指导。

如果学生挑战性行为的目的是逃避某事，这就意味着教师和同伴对这个行为的反应是终止使该生感到不愉快的事情。比如说，每次指令下达后，哭诉、抱怨都能使教师降低要求，威胁要殴打同伴也能终止他们的取笑行为。

需要注意的是，行为的方式（学生如何表现）未必与行为的目的相关。比如，当学生说"别理我"的时候，他真正的用意可能是希望获得教师更多的关注（此时，教师的反应可以是："行啦，你不是这个意思。我们一起来……"）。要准确界定学生行为的目的。单凭对其举动的描述是远远不够的，我们必须了解他们在周围环境里的互动情况。

挑战性行为和语境相关

行为的出现一定有它的前因后果。挑战性行为也不是凭空而来的，它是某些环境性或生态性的变量诱发产生的。这些变量可以通过认真的分析和测量得以确认。

有几个一般类别的语境变量对行为影响很大，其中之一是前因变量（immediate antecedents），即发生在挑战性行为之前的事件。这种事件能触发学生的直接反应，具体而言，包括教师的指令、有难度的作业、训斥以及同伴的戏弄等等。

第二个一般类别是环境事件（setting events），即与相关行为同时或比之更早出现的语境变量。环境事件对挑战性行为的发生起着"铺垫作用"，包括场景特征，如座位安排或课堂活动计划，也包括之前的交际活动，如上学路上挤公交车，也包括学生的身体状况，如疾病、疲劳或过敏等。

对行为产生影响的另一个语境变量是生活方式因素（lifestyle factors）。虽然这一变量很难准确界定，但它提高了生活的总体质量。学生是否参与了对本人而言有意义的活动，是否有机会进行选择或控制，是否参加了学校活动，与朋友或家庭成员或其他人的关系如何，这些因素都将对他们的日常行为产生深远的影响。由于积极的生活经历能提供求知的动机，因此想使行为支持和行为干预得以成功，这些因素是必不可少的条件。

有效的干预应基于对挑战性行为的深入了解

有效的干预能引起行为的长期变化。为了实现长期效果，有效的干预必须直接处理挑战性行为的目的和关联性影响（contextual influences）。一旦对挑战性行为的理解与它对学生造成的结果发生关联，那么干预的目标就应当是用交际上可接受行为（socially acceptable alternatives）取代挑战性行为，以帮助学生获得同样的结果。如果挑战性行为反映的是一种技能的缺失，那么要解决这个问题，我们必须把可接受行为教给学生。无视功能、一味靠压制（如惩罚）某个行为而进行的干预很容易导致失败，因为在这过程中学生的需求并没有得到满足。即便那些明白如何让行为得体却从不行动的学生，也能从这样的教导中受益。学生可以从中了解到，得体的行为是他们达到预期效果的最有效的途径。

譬如：

- 一位学生停下手头作业，开始和同学讲话。教师可能会认为这个学生不守规矩。但如果能发现他是因为不理解讲课内容而焦虑，教师就可以教会学生意识到自己的需求，并表达出来，以寻求并获得帮助。
- 一位学生头趴在桌子上。教师也许会认为这个学生很不像样。但如果教师能明白学生是因为头痛才趴下的，他就会关心学生，问他是否痛得厉害，教他表达自己的需求，并允许他要么去看校医，要么继续趴着直到感觉好点为止（Topper, Williams, Leo, Hamilton, & Fox, 1994）。

有效的干预同样要处理行为的关联性影响。一旦从关联性影响的角度去理解挑战性行为，那么干预的目标便是通过改变环境来阻止行为的发生。阻止的方法可以很简单，如减少作业或者改变教学步骤，以免学生受挫；也可以很复杂，如对在家所做的晨间功课和在校的学习安排进行调整，以适应学生的需求。旨在改变学生行为的干预，如果没有处理行为的关联性影响，很可能导致失败，这是因为学生的状态（产生挑战性行为的状态）并没有发生改变。

理解症状和问题之间的差异

在应对有情绪困扰的学生时，我们必须明白一个很重要的概念，那就是症状与问题之间的差异。在制定治疗方案或者做功能性行为评估时，对这种差异的理解显得尤其重要，因为许多时候，教师都会把症状错当成问题，从而错过了及时界定问题的机会。

随着情绪问题（冲突、害怕、不安全感、易受伤害）的加重，学生会因为这些问题带来的压力而紧张不安。要释放这种紧张情绪，只能通过说出来或做出来这两种办法。如果孩子无法正确描述他们的情感，那么这种紧张会在行为中表现出来，这就是所谓的行为症状〔behavioral symptom〕。正因为如此，咨询或治疗对孩子很有好处，因为这里面包括对冲突的界定和描述，能帮助孩子说出自己的不安。

　　通常情况下，问题越严重，学生就会越感到紧张不安。高度的紧张不安，需要通过多次症状明显的行为才能得以释放。因此，问题越严重，行为症状的频率越高、强度越大、持续时间越长。更有甚者，高度的紧张不安会引发更多的即时行为症状，其结果是，这些行为往往未经思考，冲动而不恰当。

　　当孩子更有自信或者学会解决问题时（比如通过治疗、课堂管理、干预策略等方式），潜在的问题会越来越少。其结果是紧张的程度得到了缓解，并因此减少了不恰当的、冲动的或自暴自弃的行为方式的频率、强度和持续时间。

　　正常情况下，这些行为症状是教师、家长和专职人员注意到的第一信号。如果这种方式不能被充分理解，教师和孩子都会在消除症状的努力过程中感到挫败。因此，帮助孩子解决问题的第一步，就是要认识到，这些症状预示着更为严重的现象。

预示着更严重问题的行为

预示着更严重问题的典型症状行为方式包括以下几种：

- 焦虑
- 不断责怪他人
- 控制欲
- 挑战权威
- 易分心
- 害怕大人
- 害怕新环境
- 害怕批评
- 为不恰当的行为寻找借口

- 过度活跃
- 易冲动
- 不变通
- 唐突
- 不负责任
- 喜怒无常
- 过度挑剔
- 过度反应
- 易恐慌
- 与他人身体接触
- 判断能力差
- 拖拖沓沓
- 很少尝试
- 注意力周期短
- 容易疲劳
- 不能专注任务
- 说话犹豫

教师一旦注意到这些行为，就应该运用以下三个原则对状态的严重性进行评估（Pierangelo，2004）：

1. 症状的频率如何？越严重的问题，形成的压力就越大；压力越大，就越需要频繁地释放。因此，症状越频繁，问题就越有可能严重，也越应该在特殊教育教师或心理专家的帮助下立即进行处理。

2. 症状持续多长时间？问题越严重，形成的压力就越大；压力越大，学生需要减压的时间就越长。因此，症状持续的时间越长，问题就越严重。

3. 症状的强度如何？问题越严重，引起的压力强度就越大，就越需要更大程度的释放。

孩子在压力强度较低时展现的行为症状

当学生压力程度较低时，他们多半会展现出所谓的正向行为症状（positive behavior symptoms）。比如在学校，学生展现的行为往往有：

- 充分的组织技能
- 与年龄相符的注意力持续时间
- 恰当的记忆力
- 一致性
- 变通性
- 高度的专注力
- 对学校任务的责任心

家长可以观察到以下源于低压力的正向行为症状：

- 恰当的判断
- 睡眠无问题
- 通过正常渠道获得家长认同
- 较强的适应性
- 愿意思考
- 愿意尝试

请再次记住，在青少年时期，这些行为在某种程度上会有所不同，但仍属于正常范围。

从交际的角度来看，压力程度较低的学生（多半）能够做到：

- 保持交际活动
- 愿意尝试新的交际体验
- 对待同伴有分寸

孩子在压力强度较高时展现的行为症状

不过，根据皮尔兰格洛和朱利亚尼（Pierangelo & Giuliani，2006）的观点，当出现严重冲突的时候，人们必须消耗现有的精力去应对，就像白细胞去应对感染那样。由于精力逐渐被耗尽，他们已无法保持客观性，也无法保持一致性。因此，当你观察到一个症状严重的不良行为方式时，你应本能地意识到，其中可能存在着某些严重的问题。

当孩子承受较高强度的压力时，他们会展现出消极的行为方式。在学校里，这些行为方式主要有：

- 无组织
- 无法专注于任务
- 不变通
- 不负责任
- 做事拖沓
- 把问题的起因归到身边其他人或其他事上

家长可以在家观察到以下消极行为方式：

- 健忘
- 反应过度
- 过分敏感
- 不愿意思考
- 不愿意冒险

当学生存在着高强度的压力时，他们会对社交活动进行干涉。譬如，你会看到学生

- 从交际情境中退出

- 不断寻找同伴的错误
- 不乐意体验新的社交经历
- 表达社交恐惧或者坚信没有人喜欢他或（她）

假如需要治疗的话，请记住这可能会是个长期的过程，尤其当这个问题已经出现了很久。在治疗时，我们应结合外部治疗、家庭治疗以及课堂行为管理等多种方式。只有在这些干预实施之后，你才可以判断你的学生是否有好转，他们是否减少了消极行为方式的频率、强度和持续时间。另外也要清楚，有些家长可能会抵制治疗，认为课堂管理技术才是唯一的干预策略。关于这一点，我们将在随后章节中进行讨论。

重新引导学生采取更恰当的行为

当挑衅性行为快要出现时，我们可以用多种办法重新引导学生采取更为恰当的行为。教师的目的是帮助学生减轻压力，同时向学生传递信息，他们随时都将支持学生，理解学生陷入窘境的缘由。在学生眼里，能够有效帮扶他们渡过难关的教师，都在无条件地关心着他人，都值得他们信赖，都能保护他们不受耻辱，并坚信学生能承受额外的压力，坚信明天会更美好。

下面这些技巧和策略可用来重新引导学生采取更恰当的行为。我们一定要制定适合学生发展水平的干预措施。这些方法并不是促进积极行为的唯一干预手段，我们只是举例说明如何减少或重新引导不良行为，以避免更多干预的介入。

就所有的干预措施而言，教师团队都希望他们选择的技巧和策略能帮助学生回归正确的行为，而不是一不小心反倒强化了消极行为。

提升兴趣

虽然学生用行为表明，他们正将注意力从学习任务或学习活动中转移开去，但还是会有一些其他信息能激发他们对活动产生兴趣，并吸引他们的注意力。比如，在组织讨论音乐话题时，教师可就音响器材问题询问学生，从而引发他们讨论的兴趣。

有计划的忽视

这个办法如果在行为出现之前就计划好，作用会更加明显。在学生试图得到关注或激怒教师时，只要其他学生未卷入，这一招的效果最好。譬如，教师可以告诉其他学生，他们都做得很好，而对那个问题学生则不理不睬，也不叫他跑腿做任何事。需要注意的是，一旦那个学生的行为开始好转，教师就必须给予积极的强化。不过，如果行为问题非常严重，这一招就千万别用了。"记住，忽视一个人的行为与忽视一个人有本质上的区别。我们要找到一种办法，使之能对行为给予最小的关注，但同时又能持续地为它提供支持。"（Topper et al., 1994）

提供更多信息

用一种与学生受评估的学习风格相匹配的形式，阐释清楚期望和经验，这样做能确保学生不会因为对活动产生误解而作出反应（参见 Boeckmann, Cardelli, & Jacobs, 1989）。

通过幽默减轻压力

很多时候，问题或潜在的问题可能会因为一句笑话或轻松的点评而被瞬间平息。焦虑、恐惧或挑战，常常令学生感到压迫，并迫使他们作出消极反应。而幽默相当于一个压力释放阀，可以让学生对某些事情一笑而过，不需要作出消极反应——换言之，他们能"挽回面子"。当学生本能地用消极的方式作出反应，或者看上去很想报复却又举棋不定，正纠结着是否要做或者怎么去做时，用这个方法就很有效。不过，千万不能讽刺或嘲笑学生，并且要当心学生把你的幽默举动"解读"为嘲笑，在这个过程中，一定要学生正确领会交往中教师的关爱成分。

认可信息

我们要用一种客观的方式认可挑战性行为所表达出来的信息或情绪，哪怕我们无法忍受其内容和形式，因为这样做能帮助我们更好地实施下一步策略，并为成功和体面的结局打下基础（比如，"我知道你等得很辛苦……"）。这样的认可方式，也通过从正面复述个人行为所表达出来的信息，教会学生如何"说对话"（Boeckmann et al., 1989）。

暗号提示

这种方法指的是，当学生的行为开始变得不正常时，教师用非言语动作给学生以提示（如打响指、举手示意"停止"等）。这招对那些本质上轻微且刚开始升级的行为最管用。

近距离控制

如果学生行为开始具有破坏性或干扰性，教师就一边上课一边靠近那个学生。不用惩罚他，也不要过多关注他。一般来说，教师的近距离出现足够抑制学生轻微的不良行为。不过要小心，学生可能会把近距离靠近当成一种威胁。

障碍帮助

学生一旦遇到麻烦，教师就立刻提供指导，帮助他克服障碍，有分寸地对待别人。教师要在问题刚出现时就给予学生及时的指点，这样可以帮助学生在整个过程中不出差错。比如说，如果教师看见一个学生正把纸揉成一团准备扔掉，他就应马上提醒学生走到垃圾桶处去扔。时机，是这一策略的关键所在。

重建规则

虽然常规对每个人都能产生稳定的作用，但有时候学生会觉得很无趣。因此，我们需要调整日常规则，以使学生保持兴奋和新鲜感。不过，对常规的调整不要过于频繁，不能打乱原来常规的计划性和次序性（比如，重新安排电视时间，允许学生在完成小组任务后观看特别节目）。注意，有严重行为问题的学生可能需要有形的规则提示，如在课桌上安放个人活动计划表。一旦规则有变，一定要跟学生解释清楚，并融入到学生正在使用的视觉追踪系统中。

直接诉求价值

要鼓励学生自己判断他们的行为是否有助于解决问题。通过一对一协商，让他们说说自己是怎么把问题弄得越来越糟的，并让他们寻找替代行为，帮助他们关注手头的问题以及他们从中所起的作用。以下的提问方式最能产生效果：教师最初提的问题只要求肯定回答（目的是培养积极的态度），然后是那些需要更多回答内容的问题（如：这件事发生在哪里？你那时做了什么？你对此有什么看法？你觉得自己为什么会作出这样的反应？），最后，要学生承诺，下次再有问题发生时，是继续某个行为还是停止某个行为。

干　扰

如果冲突或消极行为造成了干扰，教师可以让小组或个体学生分散注意力，从而减轻甚至消除问题。比如说，当有学生尖叫时，教师可与其他同学一起讨论这个学生感兴趣的话题，或者组织这位学生喜欢的某项活动，这样，该学生就有可能会停止尖叫，认真听讲。这个办法给学生提供了选择的机会，从而帮助他们放弃消极行为，避免教师采取更严厉的干预措施。

情感投入

积极的、支持性的、欣赏的方法，有助于学生作出更恰当的反应。在问题演变为严重事件之前，来自教师温暖、包容、关爱的反应，能帮助学生说出他们正遭遇的问题。这样的例子有："我想你现在可能很难过，这事让我也很不开心。要么，我们一起去走走，聊聊刚才发生的事情如何？"

重新分组

如果学生在本小组内惹了麻烦，最好把他移到另外一组或者别的区域，以免问题延续。这可不是惩罚性的"踢出去"，而是试图给学生一个新的环境，让他能控制好自己的行为。你可以这样说："我觉得这个新环境对你会更好，你可以控制住自己。其实我也看到了，你一直在努力。"

净身返回

如果学生的行为表明，他们的压力或焦躁正在逐渐增强，此时教师最好把他们弄出去，让他们不再关注当前的负面行为。比如说，叫他们去办公室跑腿就很容易平息潜在的问题，等他们回到教室时，他们又完好如初了。这样做，能让学生在短期内离开问题现场，不直接面对行为，并能充分放松，分散注意力，带着新的心境回到课堂。

限制用品和材料

如果学生误用、滥用材料，或者用材料造成了其他问题，建议当即限制他继续使用材料。当然，想要问题得以解决，教师必须站在支持的立场上，用平静的语气同他说话。

主动阐明

学生也许并不明白或不清楚当前正在发生的行为，因此，有时候教师有必要对他所观察到的行为进行评论，向学生描述他们正在做的事情。这实际上是在提醒学生，他们的行为并不恰当。比如说，教师可以这样说："我在说话时，你也在说，这样，别说你了，别人也很难听得到我说什么。"

垂先示范

对教师而言，想要学生怎么做，首先自己就该怎么做，这也是他们最重要的管理手段。教师要在学生面前示范自我控制、尊重他人、文明礼貌、宽容诚实、公正审慎，并做到言传身教。有严重行为问题的学生，他们更专注于说话者的情绪，而不是他们具体的说话内容。明确而平静的话语，会被其他学生模仿，并即刻化解紧张的局面。比如："沃尔什夫人说，不要为乔尼（Johnny）担心，这不关我的事。我现在只管＿＿＿＿＿＿＿＿＿＿。"

节奏指示器

有些学生，尤其是那些有严重残疾的学生，在拒绝参加某个活动时会失去语言能力。要缓解这种情况，教师可给学生"休息时间"，等他们准备好了之后再重新参加教学活动。比如，我们可给学生一样物品（杂志、毛绒玩具、绒布做的心等），示意他们"休息时间"到了，等他们准备好了之后再归还物品，这样，学生就有事可做，他们的行为也会慢慢缓和起来。

在紧急情况中保持中立或瞬间冷静的其他窍门

1. 从以下几个角度思考你在交流什么样的信息。

- 你的位置以及你和学生之间的距离（比如，避免构成威胁、避免追赶、避免伤害、让学生安全）
- 你讲话或走动的速度
- 你的语调
- 你反应的强度（比如，假设学生嗓门很大，那你就应该冷静，说话轻一点）

2. 不要一门心思地去较劲，想想看你到底要学生做什么（也就是说，你眼中的理想状态是什么样的）。

3. 要考虑到学生可能会害怕、困惑、尴尬，可能需要"挽回面子"，因此要给他们提供一个公平而合理的选择，使他们平静下来。

4. 只要有可能，继续完成当天的流程，尽量不在"问题行为"上纠缠不清。

5. 出现安全问题时，要阻止行为以免伤害，但必须采用支持的方式，而不是惩罚的方式。

6. 记住，忽视一个人的行为和忽视一个人之间存在着本质上的区别。

7. 如果有必要，调整环境，以免事情变得更糟糕。

8. 如果你觉得自己的反应会把事情弄得更糟，停下来，重新考虑。

9. 其他人都得正常地学习和工作——如果你需要帮助，告诉他们你需要他们做什么。如果另外一位教师正在处理一件麻烦事，也别去管他，除非他请你这样做。（Topper et al.，1994）

如何维持学生行为的积极改变

任何一个改变学生行为的计划能否成功，就看学生是否愿意、是否有能力在没有外界的帮助（即干预）下持续不断地使用恰当的行为。要确保行为的改变能维持下去，一个最基本的办法就是教会学生一套技能。技能教学要求 IEP（即国际精英研习项目）团队在行为干预计划中融入各种策略，以使学生能维持替代行为（持续时间延长，即便在外部强化消失时也能如此），并能进行归纳（在其他合适的场合内也能使用该行为）。这样做的策略之一是重新建构交际环境，以使同伴关系的力量达到均衡，从而促进积极行为的产生。之后，这些行为可以通过和朋友的相处得到自然维持。事实上，在无数的案例中，学生已学会了对恰当的行为进行鼓励和强化，而对同学的负面挑衅则采用远离和忽视的态度。

另一个促进长期行为改变的方法建立在认知中介（即在情绪爆发之前，对情形进行充分考虑）和自我管理（即用各种方法控制自己的行为）的基础上。比如说，我们已教会学生通过积极的自我对话（如告诉他们自己"我知道该怎么不用拳头来解决这次争端"）或自我暗示（如认识到牙关咬得太紧，心里很不舒服，需要请求原谅等）来运用各种解决问题的策略，我们还可以教会他们以下几种技能：

- 自我监控。记下行为发生的频率或持续时间。
- 自我评价。用某个标准比较行为中的变化，以判断自己是否在进步。
- 自我强化。在行为达到要求时，给自己奖励。

比如说，我们可以教会格洛里亚（Gloria）统计和记录她在课堂讨论中正确举手并等待被点到的次数，看看自己是否达到了一天至少举三次手的日常标准；接着她再去查看一周内的举手记录，从而判断自己是否在朝着目标进步；之后她还可以把积攒起来的分数拿到班级商店里使用。

有些干预需要模糊实施，有些干预则必须最终停止实施。比如说，胡里奥（Julio）现在学会了使用技巧解决交际中的问题，而不是去操场打架（我们希望他一直能使用这样的干预）。如果他觉得要打人，他就会寻求教师的帮助。由于他能恰当地寻求帮助，而不是采用打架的办法，因此干预小组认为，他能赢得积分，获得班级代币奖励（这是一种应适可而止的干预）。鉴于他日后不再有机会获得积分，小组决定，一旦胡里奥达到某项要求，就使用淡化手段，也就是说，胡里奥的老师将逐步减少积分或者其他奖品的使用。

要做到这一点，有多种办法。首先，教师可以提高胡里奥为获得奖励而"不打架"的时间总量。最初，他可能每天都能得到奖励，但当他达到要求时，赢得奖励的间隔时间可以增加为两天一次，然后是一周一次，以此类推。另一种淡化该干预的方法是教师奖励他的分数越来越少，直至没有分数。比如说，一开始胡里奥每天能因为不打架而得到 50 个积分，这一奖励额度之后逐步减少到 40、30……需要指出的是，在此过程中，交际强化仍应该继续，并最终取代有形的奖励。假设这个过程是渐次进行的，胡里奥也认识到使用恰当的交际问题解决方法的优势，那么，对他来说，保持不打架的状态最终会成为一种内在的奖励。

这些方法要取得成功，关键在于给学生提供周期性的"激励"训练，使他们巩固在原干预计划中学到的技能。有些学生可能需要接受自我诉求（self-advocacy）训练，学会如何要求正面认同或如何要求他人对自己行为中的积极变化进行关注。对那些声名狼藉的学生来说，这一点尤其重要，因为当他们的行为发生改变时，老师和同伴往往并不认可。最后，学校人事部门要接受"几乎观察不到的差别"，即要接受学生正朝预期目标迈出积极的步伐这一事实，并通过这样的方式，认可他们在行为中取得的变化。

全课堂指导策略

以下是对几个项目构成要素的建议，这些建议有助于培养积极行为。虽然并不全面透彻，但这些建议代表了预防性早期干预的做法。

扩展和培养恰当的交际互动行为

要建立教师和每个学生（包括有挑战性行为的学生）之间的交际互动。在当下行为之外给予学生积极的关注，可帮助他们形成团队归属感。如果学生对某个话题显露出兴趣，或者试图参与某事，教师就要给予他们额外的关注。如果学生开小差，教师就要重新引导他们，将他们的注意力引向更合适的活动。千万不要对破坏性行为作出过度反应，这样会使学生错误地寻求关注，而且，教师的兴趣、消极情绪以及担忧都有可能会强化这样的行为。

促进恰当的同伴互动行为

在学生当中，利用小组活动构建积极的交际互动行为。教会学生使用恰当的交际语言，并学会如何互惠互助、如何得到他人关注以及如何使需求得到满足。另外，教会学生在棋类游戏、课间活动、点心时间或小组讨论中使用恰当的语言，并为他们提供各种合作性学习的机会。

对每日安排进行回顾和预演

有些学生因为记忆损伤严重、学习有障碍、情绪困扰、患有孤独症或智力迟钝，在面对变化时常常感到焦虑。他们按部就班，对大部分常规了然于胸，但对于变化，却强烈地抵制。这种常规的内化只是一种控制手段，在面临预料之外的变化时，学生就会感到不安，会行事愚蠢，或者做出一些破坏性行为。

要弥补这个问题并构筑功能性学科经验，其中一个办法就是用口头的形式对日程安排进行预演。在每天开始之时，如果可能的话，用语言、画面的形式回顾一下课堂活动的次序。图片、图标、各种标识以及素描都应发给学生，以备接下来参考。预演的重点应该是次序，而不是时间，不过作为一种附带的培训活动，某项特别活动的时间可以在一旁注明。这一招对阅读和时间表达而言是具体而实用的办法。此外，在兴奋、忙碌的环境中，它还有助于减少由改变、转换带来的焦虑。当转换时期教师的注意力不够时，这个日程能成为拐杖，随时为学生在某一天发生改变作准备。对许多学生而言，他们非常需要了解要等多久才能去玩或者获得自由，因此我们应将日程安排和其他教师的工作进行协调，从而保证日程表上的信息准确，不要安排和预演那些很难实现的事件。有了这份安排表，学生的心里会更有底，但若不能自始至终地执行，这样的安排表只会惹恼学生，而不是使他们安心。

对课堂规则进行回顾和预演

教师要积极讲授那些具体而又容易归纳的规则。对那些形成概念和归纳有困难的学生来说，学习规则主要还是靠教师讲授。同时，规则应作为一种积极行为来进行表述，比如我们说"管住手脚"而不是"不准打人"。另外，规则要以具体的方式呈现出来，并有必要在学生学习之前讲解清楚。比如说，上课之前，教师先展示一张图片，上面是学生正确学习的画面。教师解释道："这条规则是，学习必须保持安静。"之后要求学生重复这条规则，通过强化，使之遵守。

最初，每次只讲解一两条规则。只有确保学生将规则逐条内化之后，才可以视情况讲解别的规则。学生不一定总是能遵守规则，但教师必须始终有这样的要求。学生一旦不遵守规则，教师就要提醒他们。起先可用学生在学习中遵守规则的能力来评价他们的学习。在此期间，学习的质量和数量并不是关键。当学生课堂行为为规则所驱动，并对在校学习表现出兴趣的时候，教师可根据质量和数量重新评价他们的学习。在开展那些有难度的活动之前，也可以适当将规则和策略预演一遍。

利用活动计划来加强结构

同样重要的是，在要求学生独立学习时，一定要给他们的任务以明确而具体的结构。要让学生明白行为的预期、任务的次序以及时间的长短，帮助他们专注于活动，不受干扰、过度焦虑以及破坏性和苛求行为的影响。这里，文字形式的或带插图的活动计划比较有用。可通过情境来安排活动中事件的次序，例如：

1. 把你的印章盖在这张纸上。

2. 把活动所需的东西圈起来。

3. 上交作业。

许多教育资源库，尤其是言语和语言服务供应商或者是关键技巧／功能性技巧课程，都有现成的图画或素描。如果学生具备阅读能力，那些简短的句子就已经足够了，倘若可能，或者有需要，则配上一些图片来增强交互性。

传授应对技能

在学生遵守规则遇到困难时，这个方法特别有效。当学生进入到激励性场景和激励性活动中时，教师要给他们讲授规则。学生参与激励性活动时，教师要提醒他们注意得体行为的规则。如果学生有不遵守规则的倾向，教师可让他偶尔重述一遍规则条文。如果学生没有参与激励性活动或者活动过于刺激容易引起焦虑情绪，教师就应教会他们表达放弃的需求，如"太难了！""我得走了！"或者"我需要帮助！"等，只要能帮助学生以恰当的方式实现放弃，任何一种口头解释都可以。如果学生明白，想要放弃有难度的任务或者降低感官刺激，他们就必须做点什么，那么我们就可以同他们协商规则了，譬如"尽全力尝试吧！"如果学生焦躁不安，那么教师就应告诉他们，去那些带靠垫或枕头的角落休息一会儿。这一招如果反复使用，也一样管用。

关注整个班级的积极行为

临近下课时，对全班同学的正面成绩作一番总结。让同学们说说他们都看到了哪些好的表现。在遵守课堂规则的过程中，努力打造一种课堂精神。在小组活动中，用贴纸、表扬、鼓掌、额外的游戏时间以及点心等形式去奖励学生。

选择并教会替代行为

1. 什么是替代行为？行为干预的积极方法除了能把控环境、整合整个班级的积极策略之外，还包括教会学生使用替代行为。在满足学生需求方面，这些替代行为与挑战性行为同样有效。以下举例说明：

- 在需要关注时，埃里森（Allison）现在不再对她的老师和同伴大吵大闹，而学会了向他们表达拥抱的需求。
- 在感到焦虑时，约瑟夫（Joseph）会从讲台上取一张通行证，走进另一个老师（校长、护士、门卫）的办公室。通行证由他的老师和另一位支持他的成人签发。
- 在感到解决不了问题时，马尔科姆（Malcolm）学会了向同伴寻求帮助，而不再叫嚣、骂人。

2. 选择替代行为的方针。凡学生、家庭、教师及所有与教育相关的人员都应常常选择替代行为。为满足具体需求，学生会全身心投入到挑战性行为中。在选择替代行为时，干预团队应回答以下几个问题：

- 该替代行为是否能和挑战性行为一样满足学生的需求？
- 该替代行为是挑战性行为的一个可接受的替代吗？

- 该替代行为是否为学生自主选择，并受到了家庭和老师的支持？
- 该替代行为是否有助于树立学生的正面声誉（positive reputation）？

替代行为可以是一个新的行为，也可以是一个学生已经表现过但尚未形成常态的行为。比如说，埃里森虽然知道如何表达拥抱的需求，但她始终没有表达过一次。于是她的老师鼓励甚至奖励她提出这个要求，并使她认可这种行为可以替代打人行为。另一方面，教师也教给约瑟夫一种新的应对方法：如果他感到焦虑，他可以从讲台上取一张通行证，离开教室。

3. 讲授替代行为的方法。一旦团队选择好替代行为，教师在讲授时可考虑以下诀窍：

- 弄清楚学生在过去一年中掌握了哪些应对策略，从而找出最有效的教学策略和指导方法。
- 在学生平静、放松且问题尚未出现时，让他们对新的行为进行操练。
- 给学生各种机会，让他们通过角色扮演对新的行为进行操练运用（如在不同班级、在休息时间、在家里进行操练）。
- 除了教会学生如何运用新的行为，还要教会他们什么时候运用该行为。
- 教会学生在自己身上运用技能，在角色扮演中操练行为，并在自然的环境中进行有反馈的运用。教会学生辨别内部提示和具体情境中的提示（如大声朗读前的怦怦心跳），这些提示都在行为发生之前就已自然显露。总体上讲，与教师相关的提示应最小化，以免学生对教师过度依赖。
- 对学生何时会犯错误（最初学习新的应对技巧时会经历困难）要有预见，并提供援助，确保他们成功，但务必给学生充足的时间进行自我参与。另外，询问学生需要做什么（非语言提示）或者说什么（语言提示），以帮助他们练习新的技巧。
- 要明白，在不同的时刻我们需要不同程度的援助。学生的需求时时刻刻在发生变化，我们对他们的援助也应时时刻刻地增加或减少。

作者简介

简·布鲁斯坦（Jane Bluestein）：博士，从事的项目主要是为教师提供实用而有意义的信息及培训，同时也为关系建构、有效教学与指导、个人发展等提供服务。她集中研究了成人与儿童间的互动交流，尤其是与问题孩子的交流。作为一名充满活力且具有娱乐精神的演说家，她那务实的演讲风格、实践精神、幽默感，以及丰富的故事和案例，使她的观点清晰，易于被受众接受。

鲍勃·艾尔格辛（Bob Algozzine）：北卡罗来纳大学夏洛特分校教育领导系教授，美国教育支持行为和阅读改善中心联合主任，曾就特殊教育问题写作过250多部作品，包括情绪和社会行为问题管理等方面的书籍和教材。

凯·柏克（Kay Burke）：亚特兰大佐治亚州大学博士，职业发展互动工作室创始人，全球顾问。担任过普通教师、部门负责人、教导主任、副校长、大学教员、硕士学位项目主管、出版公司高级副总裁等职务。曾荣获多项教学奖，包括迪卡国家年度教师、佐治亚州星级教师等。编纂过15本书籍，内容涉及标准化学习、形成性评价、均衡评价、课堂管理、辅导以及档案袋等领域。其中《从标准到量规：6步完成对 K-8 学生的学习评价》一书一度热销，并入选2007年度教育出版社协会组织的杰出成就奖。

乔治·朱利亚尼（George Giuliani）：法学博士，心理学博士，霍夫斯特拉大学教育学院特殊教育部主任、全职终身副教授，心理咨询和研究、特殊教育及康复系联合公众服务部主任。针对有特殊需求的学生，有着丰富的个案治疗经验。他是美国心理学协会会员、全国学校心理医生协会会员、特殊学生理事会成员，并担任全国特殊教育学生家长委员会（NAPCSE）主席、全国特殊教育教师协会（NASET）执行理事以及美国特殊教育职业学术委员会（AASEP）执行理事等职。与人合著《特殊教育资源大汇总》以及《教育者进阶指导》系列丛书等。

玛丽莲·古特曼（Marilyn E. Gootman）：教育学博士，古特曼教育协会创始人，该协会为家长和教师提供研讨平台，交流养育和教育孩子过程中的成功策略。曾在小学、中学、大学从事过 25 年的教学工作，出版过《教师纪律指南》及《家长纪律指南》两本专著。

费利西亚·劳登·金梅尔（Felicia Lowden Kimmel）：最初是一位高中 ESOL 教师，后被选中在弗吉尼亚州费尔法克斯县安南达尔高级中学负责一个同伴调停项目，并受到了广泛关注。目前在马里兰州的蒙哥马利县担任学校顾问。

罗杰·皮尔兰格洛（Roger Pierangelo）：博士，长岛大学特殊教育及读写教育系副教授。担任特殊教育委员会的常任理事达 18 年之久，在公办学校有过 30 年的教学及心理辅导经历，并在多家公立和私立学校担任顾问，同时也是纽约职业及康复办公室的评估师，并经营一家私人诊所。另外，他还担任全国特殊教育教师协会执行理事、美国特殊教育职业学术委员会执行理事，以及全国特殊教育学生家长委员会副主席等职。著有《特殊教育资源大汇总》以及《教育者进阶指导》系列丛书等。

艾伦·奎恩（J. Allen Queen）：教育领导学教授，北卡罗来纳大学夏洛特分校教育领导系前主任。作为一名教师、校长及大学行政人员，奎恩教授曾在近 500 所学校担任过顾问，并从事有效纪律管理及有责任的课堂管理等工作，同时，他的工作还包括学校暴力、安全校园、成功学生的转化以及辍学预防等。除此之外，他写作过 50 多部著作，并发表过 100 多篇论文。

勒妮·罗森布拉姆·劳登（Renee Rosenblum-Lowden）：在纽约从事青少年教学工作达 25 年之久，对学生的需求有着独到的见解。目前从事对新老教师的培训工作，并开发出一门旨在解决冲突的"偏见意识"（Prejudice Awareness）课程。

大卫·苏泽（David A. Sousa）：教育神经学国际顾问，对学前至 12 年级孩童的大脑研究及科学教育有着广泛而深入的实践。编写过科学书籍，也在主要教育杂志上发表过许多有关教师发展、科学教育以及大脑研究的论文。

唐娜·沃克·泰尔斯顿（Donna Walker Tileston）：一位有着 30 年教龄的老教师，畅销书作者，全职顾问，策略教学及学习协会（Strategic Teaching & Learning）主席。出版过 20 多本著作，包括《教师必须收藏的 10 本书》（科文书社，2004 年），该书荣获 2004 年度教育出版社协会组织的杰出成就奖之"职业发展手册"。

参考文献

Chapter 3

Adolphs, R., Tranel, D., & Denburg, N. (2000). Impaired emotional declarative memory following unilateral amygdala damage. *Learning and Memory, 7,* 180–186.

Agosta, E., Graetz, J. E., Mastropieri, M. A., & Scruggs, T. E. (2004). Teacher-researcher partnerships to improve social behavior through social stories. *Intervention in School and Clinic, 39,* 276–287.

Anderson, A. K., & Phelps, E. A. (2002). Is the human amygdala critical for the subjective experience of emotion? Evidence of intact dispositional affect in patients with amygdala lesions. *Journal of Cognitive Neuroscience, 14,* 709–720.

Aron, A. R., Behrens, T. E., Smith, S., Frank, M. J., & Poldrack, R. A. (2007, April). Triangulating a cognitive control network using diffusion-weighted magnetic resonance imaging (MRI) and functional MRI. *Journal of Neuroscience, 27,* 3743–3752.

Battin-Pearson, S., Newcomb, M. D., Abbott, R. D., Hill, K. G., Catalano, R. F., & Hawkins, J. (2000). Predictors of early high school dropout: A test of five theories. *Journal of Educational Psychology, 92,* 586–582.

Botvin, G. J., & Griffin, K. W. (2004). Life skills training: Empirical findings and future directions. *Journal of Primary Prevention, 25,* 211–232.

Damasio, A. (2003). *Looking for Spinoza: Joy, sorrow, and the feeling brain.* New York: Harcourt.

Damasio, A. R., Grabowski, T. J., Bechara, A., Damasio, H., Ponto, L. L., Parvizi, J., & Hichwa, R. D. (2000). Subcortical and cortical brain activity during the feeling of self-generated emotions. *Nature Neuroscience, 3,* 1049–1056.

Ellickson, P. L., McCaffrey, D. F., Ghosh-Dastidar, B., & Longshore, D. L. (2003). New inroads in preventing adolescent drug use: Results from a large-scale trial of Project ALERT in middle schools. *American Journal of Public Health, 93,* 1830–1836.

Fleming, C. B., Haggerty, K. P., Catalano, R. F., Harachi, T. W., Mazza, J. J., & Gruman, D. H. (2005, November). Do social and behavioral characteristics targeted by preventive interventions predict standardized test scores and grades? *Journal of School Health, 75,* 342–349.

Gazzaniga, M. S., Ivry, R. B., & Mangun, G. R. (2002). *Cognitive neuroscience: The biology of the mind.* New York: Norton.

Haggerty, N. K., Black, R. S., & Smith, G. J. (2005). Increasing self-managed coping skills through social stories and apron storytelling. *Teaching Exceptional Children, 37,* 40–47.

Hart, A. J., Whalen, P. J., Shin, L. M., McInerney, S. C., Fischer, H., & Rausch, S. L. (2000). Differential response in the human amygdala to racial outgroup vs. ingroup face stimuli. *NeuroReport, 11,* 2351–2355.

Jaime, K., & Knowlton, E. (2007). Visual supports for students with behavior and cognitive challenges. *Intervention in School and Clinic, 42,* 259–270.

Johnstone, T., van Reekum, C. M., Oakes, T. R., & Davidson, R. J. (2006). The voice of emotion: an fMRI study of neural responses to angry and happy vocal expressions. *Social, Cognitive, & Affective Neuroscience, 1,* 242–249.

Kurzban, R., Tooby, J., & Cosmides, L. (2001). Can race be erased? Coalitional computation and social categorization. *Proceedings of the National Academy of Sciences, 98*(26), 15387–15392.

Lane, K. L., Givner, C. C., & Pierson, M. R. (2004). Teacher expectations of student behavior: Social skills necessary for success in elementary school classrooms. *Journal of Special Education, 38,* 104–110.

MacLean, P. D. (1952). Some psychiatric implications of physiological studies on frontotemporal portion of limbic system (visceral brain). *Electroencephalography and Clinical Neurophysiology, 4,* 407–418.

Massachusetts General Hospital (MGH) (2006). *Interventions in School.* Available online at www.school psychiatry.org.

McNeal, R. B., Jr., Hansen, W. B., Harrington, N. G., & Giles, S. M. (2004, April). How All Stars works: an examination of program effects on mediating variables. *Health Education and Behavior, 31,* 165–178.

Newcomb, M. D., Abbott, R. D., Catalano, R. F., Hawkins, J., Battin, S. R., & Hill, K. G. (2002). Mediational and deviance theories of late high school failure: Process roles of structural strains, academic competence, and general versus specific problem behavior. *Journal of Counseling Psychology, 49,* 172–186.

Ochsner, K., & Lieberman, M. (2001). The emergence of social cognitive neuroscience. *American Psychologist, 56,* 717–734.

Parsons, L. D. (2006). Using video to teach social skills to secondary students with autism. *Teaching Exceptional Children, 39,* 32–39.

Paus, T. (2005). Mapping brain maturation and cognitive development during adolescence. *Trends in Cognitive Sciences, 9,* 60–68.

Phelps, E. A., O'Connor, K. J., Cunningham, W. A., Funayama, E. S., Gatenby, J. C., Gore, J. C., & Banaji, M. R. (2000). Performance on indirect measures of race evaluation predicts amygdala activation. *Journal of Cognitive Neuroscience, 12,* 729–738.

Phelps, E. A., & Thomas, L. A. (2003). Race, behavior, and the brain: The role of neuroimaging in understanding complex social behaviors. *Political Psychology, 24,* 747–758.

Redenbach, S. (2004). *Self-esteem and emotional intelligence: The necessary ingredients for success.* Davis, CA: ESP Wise Publications.

Restak, R. (2000). *Mysteries of the mind.* Washington, DC: National Geographic Society.

Rogers, M. F., & Myles, B. S. (2001). Using social stories and comic strip conversations to interpret social situations for an adolescent with Asperger syndrome. *Intervention In School and Clinic, 36,* 310–313.

Rolls, E. T. (1999). *The brain and emotion.* Oxford, UK: Oxford University Press.

Schneier, F. R. (2003, September). Social anxiety disorder: Is common, underdiagnosed, impairing, and treatable. *British Medical Journal, 327,* 515–516.

Steinberg, L. (2005, February). Cognitive and affective development in adolescence. *Trends in Cognitive Sciences, 9,* 69–74.

Stipek, D. (2006, September). Relationships matter. *Educational Leadership, 64,* 46–49.

Chapter 4

Albert, L. (1989). *A teacher's guide to cooperative discipline: How to manage your classroom and promote self-esteem.* Circle Pines, MN: American Guidance Service.

Barr, R. D., & Parrett, W. H. (2003). *Saving our students: Saving our schools: 50 proven strategies for revitalizing at-risk students and low-performing schools.* Thousand Oaks, CA: Corwin.

Bellanca, J., & Fogarty, R. (2003). *Blueprint for achievement in the cooperative classroom* (3rd ed.). Thousand Oaks, CA: Corwin.

Burke, K. (2006). *From standards to rubrics in six steps: Tools for assessing student learning, K–8.* Thousand Oaks, CA: Corwin.

Burke, K. (2005). *How to assess authentic learning* (4th ed.).Thousand Oaks, CA: Corwin.

Curwin, R. L., & Mendler, A. N. (1988). *Discipline with dignity.* Alexandria, VA: Association for Supervision and Curriculum Development.

DeRoche, E. F., & Williams, M. M. (2001). *Character education: A primer for teachers.* Allen, TX: Argus Communications.

Dinkmeyer, D., & Losoncy, L. E. (1980). *The encouragement book. Becoming a positive person.* New York: Prentice-Hall.

Dinkmeyer, D., McKay, G. D., & Dinkmeyer, D., Jr. (1980). *Systematic training for effective teaching.* Circle Pines, MN: American Guidance Service.

Gholar, C. R., & Riggs, E. G. (2004). *Connecting with students' will to succeed: The power of conation.* Thousand Oaks, CA: Corwin.

Given, B. K. (2002). *Teaching to the brain's natural learning systems.* Alexandria, VA: Association for Supervision and Curriculum Development.

Glasser, W. (1986). *Control theory in the classroom.* New York: Harper & Row.

Gough, P. B. (1987). The key to improving schools: An interview with William Glasser. *Phi Delta Kappan, 68*(9), 656–662.

Holland, H. (2007). Can educators close the achievement gap? An interview with Richard Rothstein and Kati Haycock. *The Journal of Staff Development, 28*(1), 54–62.

Jones, V. F., & Jones, L. S. (1998). *Comprehensive classroom management: Creating communities of support and solving problems* (5th ed.). Boston: Allyn & Bacon.

Kauffman, J. M., Hallahan, D. P., Mostert, M. P., Trent, S. C., & Nuttycombe, D. G. (1993). *Managing classroom behavior: A reflective case-based approach.* Needham Heights, MA: Allyn & Bacon.

Levin, J., & Nolan, J. F. (1996). *Principles of classroom management: A professional decision-making model* (2nd ed.). Boston: Allyn & Bacon.

Mendler, A. N. (1997). *Power struggles: Successful techniques for educators*. Rochester, NY: Discipline Associates.

Roberts, W. B., Jr. (2006). *Bullying from both sides: Strategic interventions for working with bullies and victims*. Thousand Oaks, CA: Corwin.

Shore, K. (2005). *The ABCs of bully prevention: A comprehensive schoolwide approach*. Port Chester, NY: DUDE Publishing.

Short, P. M., Short, R. J., & Blanton, C. (1994). *Rethinking student discipline: Alternatives that work*. Thousand Oaks, CA: Corwin.

Tileston, D. W. (2004). *What every teacher should know about classroom management and discipline*. Thousand Oaks, CA: Corwin.

Vaughn, S., Bos, C. S., & Schumm, J. S. (2000). *Teaching exceptional, diverse and at-risk students in the general education classroom* (2nd ed.). Boston: Allyn & Bacon.

Weiner, L. (1999). *Urban teaching: The essentials*. New York: Teachers College Press.

Wolfgang, C. H., Bennett, B. J., & Irvin, J. L. (1999). *Strategies for teaching self-discipline in the middle grades*. Boston: Allyn & Bacon.

Chapter 5

Burke, K. (1992). *What to do with the kid who: Developing cooperation, self-discipline, and responsibility in the classroom*. Palatine, IL: IRI Skylight.

Given, B. (2002). *Teaching to the brain's natural learning systems*. Alexandria, VA: Association for Supervision and Curriculum Development.

Glasser, W. (1986). *Control theory in the classroom*. New York: Harper and Row.

Jones, F. (2002). Available online at www.fredjones.com

Linnoila, M., Virkkunen, M., Scheinin, M., Nuutila, A., Rimon, R., & Goodwin, F. K. (1994). Low cerebrospinal fluid 5-hydroxyindoleacetic acid concentration differentiates impulse from nonimpulsive violent behavior. In R. Masters & M. McGuire (Eds.), *The neurotransmitter revolution: Serotonin, social behavior, and the law* (pp. 62–68). Carbondale: Southern Illinois University Press.

Master Teacher. (2002). Available online at www.disciplinehelp.com.

Panksepp, J. (1998). *Affective neuroscience: The foundations of human and animal emotions*. New York: Oxford University Press.

Payne, R. K. (2001). *A framework for understanding poverty*. Highlands, TX: Aha! Process Inc.

Chapter 6

Glasser, W. (1990). *Reality therapy*. New York: HarperCollins.

Horner, R. H., Sugai, G., Todd, A. W., & Lewis-Palmer, T. (2005). School-wide positive behavior support: An alternative approach to discipline in schools. In L. Bambara & L. Kern (Eds.), *Individualized supports for students with problem behaviors: Designing positive behavior plans* (pp. 359–390). New York: Guilford Press.

Sugai, G. (2000). Instituting school-wide behavior supports. *CEC Today, 6*(7), 5.

Sugai, G., & Horner, R. H. (2002). The evolution of discipline practices: School-wide positive behavior supports. *Child and Family Behavior Therapy, 24*, 23–50.

Sugai, G., Sprague, J. R., Horner, R. H., & Walker, H. M. (2000). Preventing school violence: The use of office discipline referrals to assess and monitor school-wide discipline interventions. *Journal of Emotional and Behavioral Disorders, 8*(2), 94–101.

Chapter 7

DiGiuseppe, R., & Tafrate, R. C. (2007). *Understanding anger disorders*. New York: Oxford University Press.

Kohn, A. (1998). *What to look for in a classroom . . . and other essays*. San Francisco: Jossey-Bass.

Lochman, J., Dunn, S. E., & Klimes-Dougan, B. (1993). An intervention and consultation model from a social cognitive perspective: A description of the anger coping program. *School Psychology Review, 22*(3), 458–471.

Noteboom, J. T., Barnholt, K. R., & Enoka, R. M. (2001). Activation of the arousal response and impairment of performance increase with anxiety and stressor intensity. *Journal of Applied Physiology, 91*, 2093–2101.

Oldfather, P. (1993). What students say about motivating experiences in a whole language classroom. *The Reading Teacher, 46*(8), 672–681.

Oldfather, P., & Thomas, S. (1999). The nature and outcomes of students' longitudinal participatory research on literacy motivations and schooling. *Research in the Teaching of English, 34*, 281–320.

Perry, B. D. (2006). *The boy who was raised as a dog and other stories from a child psychiatrist's notebook: What traumatized children can teach us about loss, love, and healing*. New York: Basic Books.

Polowy, M. (1992, April). *Effective management of angry, hostile, aggressive children*. Paper presented at the eighth annual training symposium of the Georgia Council on Child Abuse, Atlanta.

Prothrow-Stith, D., & Weissman, M. (1993). *Deadly consequences: How violence is destroying our teenage population and a plan to begin solving the problem*. New York: Harper & Row.

Rachman, S. (1979). *The concept of required helpfulness. Behavior, Research, and Therapy, 17*(1), 1–6.

Tice, D., & Baumeister, R. (1993). Controlling anger: Self-induced emotion change. In D. M. Wegner & J. W. Pennebaker (Eds.), *Handbook of mental control* (pp. 393–410). Englewood Cliffs, NJ: Prentice Hall.

Werner, E. E., & Smith, R. S. (2001). *Journeys from childhood to midlife*. Ithaca, NY: Cornell University Press.

Zillman, D. (1993). Mental control of angry aggression. In D. M. Wegner & J. W. Pennebaker (Eds.), *Handbook of mental control* (pp. 370–393). Englewood Cliffs, NJ: Prentice Hall.

Zimrin, H. (1986). A profile of survival. *Child Abuse and Neglect, 10*, 339–349.

Chapter 8

Adler, J., & Springen, K. (1999, May 3). How to fight back. *Newsweek*. Available from www.newsweek.com/id/88189

Bluestein, J. (2001). *Creating emotionally safe schools*. Deerfield Beach, FL: Health

Communications.

Bluestein, J. (2008). *The win-win classroom*. Thousand Oaks, CA: Corwin.

Bluestein, J., & Katz, E. (2005). *High school's not forever*. Deerfield Beach, FL: Health Communications.

Blum, R. W., McNeely, C., & Rinehart, P. M. (2002). *Improving the odds: The untapped power of schools to improve the health of teens*. Minneapolis: University of Minnesota, Center for Adolescent Health and Development.

Blumenfeld, B. (1996, October 2). Moral education not rote learning [Letter to the editor]. *Albuquerque Journal*, p. A11.

Cichy, B. (2008, February). *Functional behavior assessment on-the-fly*. Paper presented at Minnesota Council for Exceptional Children conference, Duluth, MN.

Freiberg, J. A. (2007c). *Improving school climate to diminish bullying behaviors: Creating "climates of respect"* [PowerPoint slides].

Gatto, J. T. (2005). *Dumbing us down: The hidden curriculum of compulsory schooling*. Gabriola Island, British Columbia, Canada: New Society.

Gazzaniga, M. S. (1988). *Mind matters*. Boston: Houghton Mifflin.

Haslam, S. (2001, September). *Emotions are a fact of life* [Conference handout].

Isaacson, W. (2007). *Einstein*. New York: Simon & Schuster.

Kenmore, C. (n.d.). In *Motivation quotes*. Available from www.famousquotesand authors.com/ authors/carolyn_kenmore_quotes.html

Littke, D., & Grabelle, S. (2004). *The big picture: Education is everyone's business*. Alexandria, VA: Association for Supervision and Curriculum Development.

Mahoney, A. S., & Purr, C. (2007). *Untenured, uncensored*. Lanham, MD: Rowman & Littlefield.

Mann, H. (n.d.). In *Famous quotes and authors: Punishments quotes*. Available from www.famous quotesandauthors.com/topics/punishment_quotes.html

Marshall, M. (n.d.). *The social development program: Ensuring social responsibility* [Conference handout].

Marshall, M. (2001). *Discipline without stress, punishments, or rewards: How teachers and parents promote responsibility and learning*. Los Alamitos, CA: Piper Press.

National Education Association. (1975). *Code of ethics*. Retrieved from www.nea .org/home/30442.htm

Naylor, A. (2009a, February 28). *3 Keys to personal accountability and creating a better life*. Available from www.huffingtonpost.com/anne-naylor/3-keys-to-personal-accoun_b_169736.html

Naylor, A. (2009b, February 14). *5 ways to turn on the power of your love*. Available from www.huffingtonpost.com/anne-naylor/5-ways-to-turn-on-the-pow_b_166619.html

NYCLU, Annenberg Institute release report on successful and safe NYC schools that say no to aggressive police tactics. (2009). Available from www.nyclu.org/node/2501

Osborn, D. K., & Osborn, J. D. (1977). *Discipline and classroom management*. Athens, GA: Education Associates.

Purkey, W. W., & Aspy, D. N. (1988, February). The mental health of students: Nobody minds? Nobody cares? *Person-Centered Review, 3*(1), 41–49.

Quimby, D. (2003, May). Overworked and under-appreciated: A tribute to teachers. *Teachers.net Gazette*. Available from http://teachers.net/gazette/MAY03/quimby.html

Reynolds, M. R., & Reynolds, C. (2008). *The power of connection* [Video file]. Available from www.connectionmovie.com/

School violence: The history of school discipline. (1998). Available from http://law.jrank.org/pages/ 12094/School-Violence-history-school-discipline.html

Underwood, A. (2005, October 3). *The good heart. Newsweek*, 49–55.

Wyatt, R. L., & White, J. E. (2007). *Making your first year a success* (2nd ed.). Thousand Oaks, CA: Corwin.

Zimmerman, J. (2007, July 1). Justice Thomas got it wrong: Goal of schools isn't discipline. *St. Paul Pioneer Press*.

Chapter 9

Boeckmann, D., Cardelli, G., & Jacobs, J. (1989). *Alternatives for persons who are behaviorally challenged*. Crystal, MN: Hennepin Technical College, District #287.

Pierangelo, R. (2004). *The special educator's survival guide* (2nd ed.). San Francisco: Jossey-Bass.

Pierangelo, R., & Giuliani, G. (2006). *Assessment in special education: A practical approach* (2nd ed.). Boston: Allyn and Bacon.

Topper, K., Williams, W., Leo, K., Hamilton, R., & Fox, T. (1994, January). *A positive approach to understanding and addressing challenging behaviors: Supporting educators and families to include students with emotional and behavioral difficulties in regular education*. Burlington: University of Vermont, Center on Disability and Community Inclusion.

图书在版编目（CIP）数据

课堂管理方法/（美）布鲁斯坦等著；龚朝红译.—上海：华东师范大学出版社，2015.11
ISBN 978-7-5675-4133-7

Ⅰ.①课... Ⅱ.①布...②龚... Ⅲ.①课堂教学—教学管理 Ⅳ.① G424.21

中国版本图书馆 CIP 数据核字（2015）第 273125 号

大夏书系·西方教育前沿

课堂管理方法

著　　者	简·布鲁斯坦 等
译　　者	龚朝红
策划编辑	李永梅
审读编辑	张思扬
封面设计	奇文云海·设计顾问

出版发行　华东师范大学出版社
社　　址　上海市中山北路 3663 号　邮编　200062
网　　址　www.ecnupress.com.cn
电　　话　021－60821666　行政传真　021－62572105
客服电话　021－62865537
邮购电话　021－62869887　地址　上海市中山北路 3663 号华东师范大学校内先锋路口
网　　店　http://hdsdcbs.tmall.com

印 刷 者　北京季蜂印刷有限公司
开　　本　700×1000　16 开
插　　页　1
印　　张　14
字　　数　210 千字
版　　次　2016 年 2 月第一版
印　　次　2021 年 5 月第六次
印　　数　16 101 - 18 100
书　　号　ISBN 978-7-5675-4133-7/G·8667
定　　价　35.00 元

出 版 人　王　焰

（如发现本版图书有印订质量问题，请寄回本社市场部调换或电话 021-62865537 联系）